DROIT ROMAIN

LES LOIS JUDICIAIRES
SOUS LA RÉPUBLIQUE

DROIT FRANÇAIS

DU DROIT D'OPTION

ACCORDÉ A LA FEMME A LA DISSOLUTION D'UNE COMMUNAUTÉ
ET A L'HÉRITIER A L'OUVERTURE D'UNE SUCCESSION

THÈSE POUR LE DOCTORAT

Par Louis BEZ

TOULOUSE
IMPRIMERIE LAGARDE ET SÉBILLE
2, RUE ROMIGUIÈRES (ANGLE RUE PLEVILLE)

1893

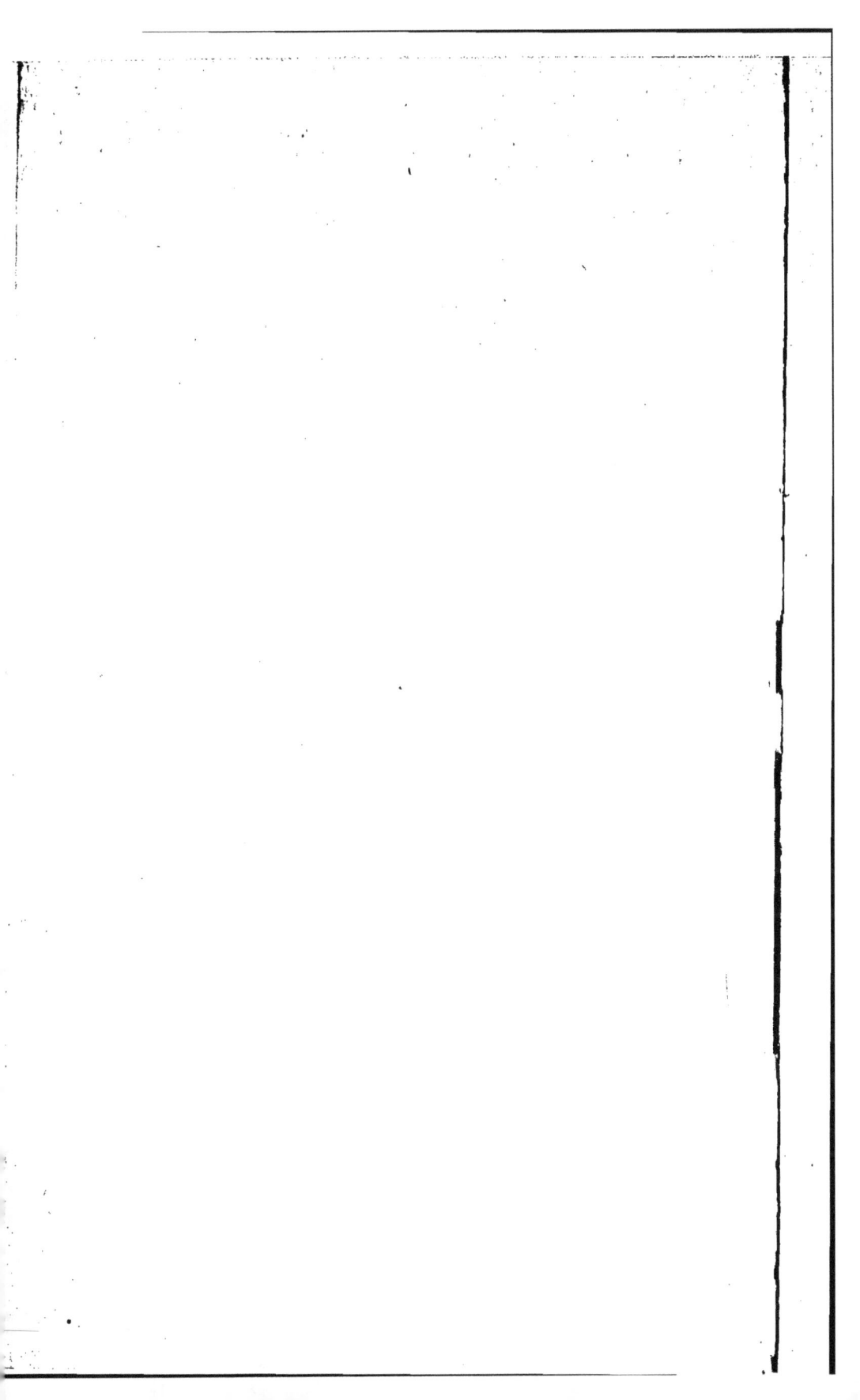

THÈSE POUR LE DOCTORAT

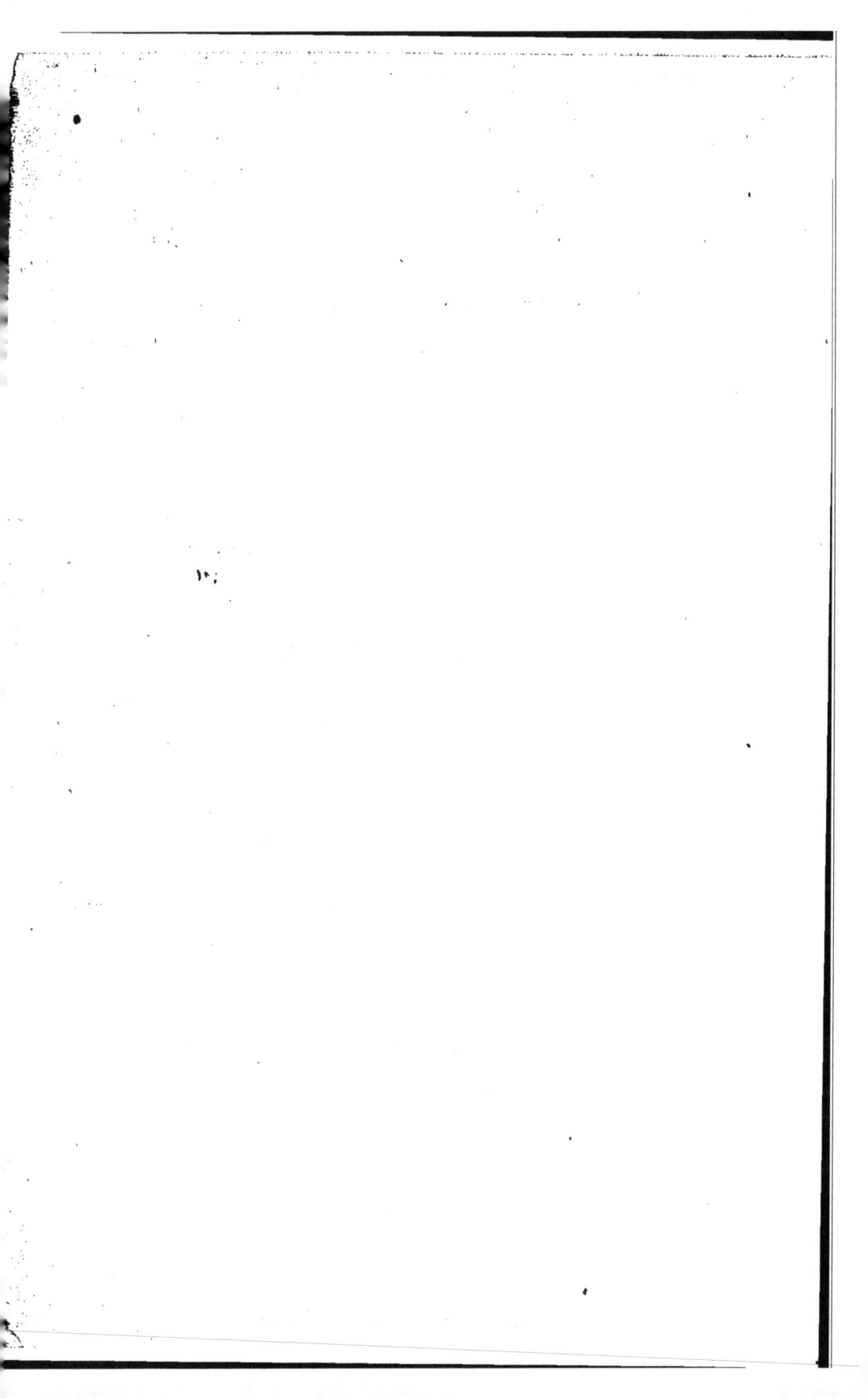

FACULTÉ DE DROIT DE TOULOUSE

DROIT ROMAIN

LES LOIS JUDICIAIRES
SOUS LA RÉPUBLIQUE

DROIT FRANÇAIS

DU DROIT D'OPTION
ACCORDÉ A LA FEMME A LA DISSOLUTION D'UNE COMMUNAUTÉ
ET A L'HÉRITIER A L'OUVERTURE D'UNE SUCCESSION

THÈSE POUR LE DOCTORAT
PRÉSENTÉE

Par Louis BEZ
Avocat.

TOULOUSE
IMPRIMERIE LA GARDE ET SEBILLE
2, RUE ROMIGUIÈRES (ANGLE RUE DEVILLE)

1893

FACULTE DE DROIT DE TOULOUSE

Président de la Thèse : M. BRESSOLLES.

Suffragants. { MM. VIDAL.
                  ROUARD DE CARD.
                  TIMBAL.

La Faculté n'entend ni approuver ni désapprouver les opinions particulières du candidat.

DROIT ROMAIN

LES LOIS JUDICIAIRES SOUS LA RÉPUBLIQUE

CHAPITRE PREMIER

De l'organisation judiciaire au IIe siècle avant J.-C.

L'organisation judiciaire des Romains, au deuxième siècle avant notre ère, se caractérise par l'institution du jury (1), tant en matière civile qu'en matière criminelle (2).

En matière civile. — En principe, tout procès se divise en deux phases bien distinctes, *in jure* et

---

(1) Cicéron appelle les juges, *judices jurati* (*in Rull*, I, 4).

(2) On sait que l'institution du jury existe en Angletterre et aux États-Unis d'Amérique, même pour les procès civils. La réforme proposée en France à l'Assemblée constituante par Sieyès et Dupont, a été repoussée grâce à Tronchet. Le décret du 30 avril 1790 est ainsi conçu : « L'Assemblée décrète : 1° qu'il y aura des jurés en matière criminelle ; 2° qu'il n'en sera point établi en matière civile. » En faveur du jury civil, voyez Bonjean, *Traité des actions*, II, §§ 91, 92, 93.

in judicio. Le magistrat compétent, se plaçant au point de vue juridique, instruit le procès, délimite exactement la question de fait à juger, détermine soigneusement les conséquences juridiques qui découleraient du fait allégué ; puis il nomme un *judex*, devant lequel il renvoie les parties. Dans la première phase, on dit que le procès est *in jure*; devant le *judex*, on est *in judicio.* Le juge juré est un simple citoyen investi du pouvoir de juger par le magistrat , sa mission est limitée à chaque affaire déterminée ; il a à s'occuper uniquement de la question de fait, et il rend sa sentence après l'avoir appréciée ; son rôle est alors terminé (1).

Cette organisation judiciaire ne date pas du deuxième siècle, elle est bien antérieure à cette époque ; elle remonte en effet aux premiers âges de Rome. On l'explique par des considérations diverses. L'hypothèse la plus vraisemblable est que les magistrats romains chargés de rendre la justice, étant en très petit nombre, ne pouvaient suffire seuls au jugement de tous les procès. Les *judices* aidaient les magistrats dans cette tâche, aide d'autant plus précieuse qu'ils se chargeaient de la partie

(1) Ce serait pourtant une erreur de croire que le *judex* n'a jamais à trancher qu'une question de fait ; il peut avoir à juger une question de droit. Ainsi, dans une action en revendication, le *judex* doit répondre à la question : *Si paret hanc rem esse A¹ A¹ ex jure quiritium.*

Il doit donc examiner les principes du Droit civil sur l'acquisition de la propriété. Notre jury criminel a aussi à se poser des questions de Droit lorsqu'on lui pose la question : « l'accusé est-il coupable ? ».

la plus fastidieuse du procès, la question de fait. Ainsi débarrassés d'enquêtes embrouillées, de plaidoiries souvent très longues (1), les magistrats pouvaient, malgré leur petit nombre, s'occuper par eux-mêmes de toutes les affaires. D'autre part, les jurés étant de simples citoyens, en nombre considérable, et n'étant chargés que d'affaires peu nombreuses, pouvaient consacrer au procès qui leur était soumis, le temps nécessaire à un examen sérieux et consciencieux des difficultés soulevées.

On peut remarquer d'ailleurs que cette division de la procédure ne portait aucune atteinte au bon fonctionnement de la justice, mais qu'au contraire elle offrait aux parties toute garantie. La question de droit étant tranchée par le magistrat, la question de fait par le *judex* (2), il fallait pour la première un homme instruit et versé dans la science du Droit; pour la seconde il suffisait d'un homme sage et expérimenté. Ces conditions étaient remplies par les magistrats et les *judices*, grâce au mode de leur recrutement.

Le type du magistrat est le préteur ; il est exclusivement recruté parmi les patriciens; les plébéiens sont rigoureusement écartés de cette magistrature.

<hr>

(1) Cicéron (*Pro Quinto*) nous apprend que *in jure* les avocats se bornaient à de courtes explications, réservant leur éloquence pour la procédure devant le *judex*. — Adde Quintilien, *Inst. Orat.*, VIII, 3, 3. — Cicéron, *Pro Flacco*, 20 ; *Pro Cæcina*, 2, 33, 3 ; *Pro Quinto*, 9 et 22 ; *Pro Tull.*, cap. 6.

(2) Nous parlons des cas les plus fréquents.

Les chevaliers ne peuvent pas non plus y prétendre ; ils n'ont, du reste, en 366 avant J.-C., époque de la création de la *préture*, aucune importance.

Le juge est seul : *unus judex* (1). Il doit être agréé par les parties. « *Neminem voluerunt majores nostri non modo de existimatione cujusquam, sed ne pecuniaria quidem de re minima esse judicem nisi qui inter adversarios convenisset* », déclare Cicéron (2). Lorsque les parties choisissent elles-mêmes le *judex* ce qui est leur droit, le magistrat n'a pas à intervenir, il ne fait qu'investir le citoyen ainsi designé du pouvoir de juger (*judicem addicere*). Le jurisconsulte Pomponius y fait allusion lorsqu'il dit : « *Si in judicis nomine, prænomine erratum est, Servius respondit, si ex conventione litigatorum is judex addictus esset, eum esse judicem, de quo litigatores sensissent.* » (3). Le choix des parties, dans cette première hypothèse, est-il absolument libre? peuvent-elles prendre pour *judex* un citoyen en dehors des listes de jurés dont nous allons parler ? Il est assez difficile de répondre. — M. Bonjean, dans son *Traité des actions* (1, § 76, texte et note)

(1) Nous laissons de côté les tribunaux des augures, des décemvirs, des centumvirs et des *recuperatores* à compétence spéciale, assez mal connue, du reste.

(2) Cicéron, *pro Cluentio*, 43

(3) Fr. 80 ; Dig., *de Judices et ubi quisque agere vel conveniri debeat*, V, 1.

examine la question et se prononce pour l'affirmative, en se basant sur divers textes (1); nous ne pouvons entrer, ici, dans cette discussion.

Lorsque les parties ne choisissent pas elles-mêmes le *judex*, c'est au magistrat, au préteur, que revient cette mission. Le magistrat, pour faire ce choix, consulte une liste de jurés, l'*album judicum*. Cette liste est composée d'une manière spéciale; pour en faire partie, pour pouvoir y être inscrit, avant la réforme de Caïus Gracchus, il faut être sénateur (2). Les parties ont d'ailleurs un certain droit de récusation (*recusare, rejicere, ejerare*) (3), et si elles ne peuvent pas s'accorder, on s'en remet au sort (4).

En matière criminelle (5). — L'organisation judiciaire en matière criminelle a beaucoup varié à Rome. Nous ne remonterons pas jusqu'à la période de la royauté et de la République antérieure à la loi des douze Tables; il règne sur cette période une très grande incertitude et l'obscurité qui couvre ce point de Droit romain est encore loin d'être dissipée.

(1) Dionys, Halic, II, 9. — Appien, *de Bell. civil.*, 1, 22; Tite-Live, Epitom., LXX.

(2) Denys d'Haly, II, 9; Polybe, VI, 17. — Plaute, Rudens, III, 4, 7, etc.

(3) Varron, *de lingua latina*, V° *Ejerare*.

(4) Cicéron, in Verrem, II, 12, etc.

(5) Sur ce point, voyez Maynz, *Esquisse historique du Droit criminel de l'ancienne Rome*. Apud. *Nouvelle Revue historique du Droit français et étranger*, 1882; Laboulaye, *les Lois criminelles des Romains*, p. 78 et suivantes.

Un point qui nous paraît certain, bien qu'il ait été vivement contesté par les historiens et les juris-consultes, c'est que le peuple seul, pendant les premiers siècles qui suivirent la promulgation de la loi des douze Tables, avait compétence pour statuer sur les affaires criminelles. La loi des douze Tables avait attribué cette fonction aux comices par centuries, *comitiatus maximus* (1). Les tribuns, lorsque l'augmentation de la population eut accru le nombre des délits, n'hésitèrent pas à en porter la répression devant les assemblées des tribus (2). Mais pendant toute cette période le Sénat, pas plus que les magistrats, n'eurent, concurremment avec le peuple romain, le droit de juger en matière criminelle. Si, en fait, on trouve, dans les récits des historiens, de nombreux passages où il question de procès criminels portés devant le Sénat et jugés par lui (3). cela tient à des causes particulières. Le Sénat, dans certains cas, se déclare compétent à raison de la qualité de l'accusé (étrangers ou alliés) ; dans d'autres, il ne craint pas de violer la loi lorsque le salut de la République est en jeu et réclame des mesures énergiques.

(1) Cic., *de Republ.*, II, 30 : « *Legem illam præclaram... quæ de capite civis romani, nisi comitiis centuriatis statui vetaret.* » — *De legibus*, III, 4, 19 ; *de Domo*, 26, 32 ; Polybe, VI, 14. — Digeste, fr. 2, § 16, 23, *de Origine juris*, I, 2.

(2) Tite-Live, IV, 51 ; XXI, 1 ; XXVI, 3, 4.

(3) Cicéron, *Brutus*, 22 ; Tite-Live, IV, 13, VIII, 20, IX, 26, 60, etc.; Plutarque, *Marcellus*, 23 ; Polybe, VI, 13. Valère Maxime, V, 8, 3.

Quant aux exemples cités, de magistrats prononçant des peines capitales, ils s'expliquent pas ce fait que, dans ces hypothèses, le magistrat agit en vertu d'une délégation (1). C'est comme *quæstor* qu'il prononce, et ses pouvoirs sont nettement spécifiés dans l'acte de délégation.

Le jury étant ainsi déterminé, il nous reste à dire comment il est saisi. C'est le magistrat qui a pouvoir d'agir *cum populo* qui défère au peuple, centuries ou tribus les infractions criminelles. C'est à lui que doivent s'adresser les accusateurs privés afin que la réunion des comices ait lieu. Ce magistrat, c'est le consul, le préteur, l'édile, le tribun.

L'organisation judiciaire que nous venons de décrire sommairement reçoit, vers la moitié du deuxième siècle avant notre ère, de profondes modifications. Avec la décadence des mœurs, les délits publics prennent une importance qui appelle plus sérieusement l'attention du législateur. Il parut alors, sur les crimes les plus graves, des lois organisant pour chaque crime un tribunal spécial permanent et indiquant la procédure à suivre pour chacun d'eux et la peine à y appliquer. La première de ces lois fut une *lex Calpurnia de repetundis*, faite pour réprimer le délit de concussion, crime très

---

(1) Tite-Live, IV, 51, rapporte que pour punir les meurtriers du tribun consulaire M. Postumius (413 av. J.-C.), le pouvoir des juges fut délégué aux consuls : « *A plebe consensu populi consulibus negotium mandatur* ; » Tite-Live, VI, 20 ; — Cicéron, *de finibus*, II, 16, *de natura deorum*, III, 30, etc.

fréquent à Rome. Cette loi fut suivie de beaucoup d'autres, et en quelques années un système de procédure tout nouveau s'éleva, en quelque sorte à côté de l'ancien, englobant de jour en jour un plus grand nombre de délits.

Cette révolution porta à la fois sur la juridiction et sur la pénalité (1), on transféra à des commissions annuelles, qui dès lors n'eurent pas besoin d'être nommées pour chaque affaire, la juridiction qu'avaient exercé jusque là les comices, le Sénat ou des commissions nommées pour un seul procès. D'autre part, on frappa sévèrement des crimes autrefois trop peu connus pour avoir été l'objet d'une répression énergique.

Avec les *quæstiones perpetuæ* apparaît encore un double principe : 1° les assemblées par tribus ou par centuries sont remplacées par des commissions composées d'un petit nombre de membres ; 2° le peuple n'est plus juge, ses attributions passent à des jurés (2).

Ces innovations furent généralement bien accueillies et ne soulevèrent pas de contestations sérieuses. Les deux partis qui se divisaient la République

(1) Laboulaye. — *Lois criminelles des Romains*, p. 183 et suiv. : Maynz, n° 11 et suiv.

(2) Il serait toutefois inexact de dire que la substitution des *quæstiones perpetuæ* aux centuries et aux tribus fut complète. On peut en effet citer, au commencement du premier siècle avant notre ère, c'est-à-dire tout à fait à la fin de la République, des exemples de jugements rendus par le *comitiatus maximus* (Cic., in *Pisonem*, 2 ; Suétone, *César*, 12; Dion Cassius, XXXII, 26, 28).

repoussaient également la juridiction populaire,
préférant des commissaires qu'ils pourraient avoir
à leur dévotion ; d'autre part, il semble que les
premières *quæstiones perpetuæ* n'avaient fait que
régulariser et organiser un état de choses résultant
d'une évolution insensible qui avait substitué peu à
peu le jugement par commissaires au jugement des
comices.

Mais une fois ces principes adoptés, la lutte fut
chaude pour savoir qui composerait le jury. En
otant au peuple le jugement de certains crimes, on
avait créé une puissance nouvelle, puissance redoutable dans une société aussi peu pourvue de préju-
gés que la société romaine à cette époque. Avoir les
jugements, composer le jury, c'était, pour un ordre,
l'impunité assurée; aussi le Sénat et les chevaliers
se disputèrent-ils cette pérogative avec une ardeur
qui alla jusqu'à la guerre civile.

La substitution de *quæstiones* aux comices en-
traîna des modifications dans l'accusation. Ce n'est
plus un magistrat qui est accusateur, c'est à un citoyen quelconque, *cuivis ex populo*, qu'appartient
ce rôle (1). L'institution du ministère public, telle
que nous la concevons, n'était pas connue à Rome ;
la lutte judiciaire s'engageait, non entre la société
et l'accusé, mais entre ce dernier et un simple particulier. Tout citoyen romain était apte à formuler

(1) Ulpien, Dig., *de ritu nuptiarum*, XXIII, 2, fr. 43, § 10;
Institutes, *de publicis judicis*, IX, 18, § 1.

et à soutenir une accusation ; et l'affaire criminelle se débattait alors comme une affaire civile, l'accusateur y jouait le rôle de demandeur et l'accusé le rôle de défendeur.

Voici quelle est alors la procédure. Le citoyen qui accuse fait part de son intention au préteur compétent, magistrat de la *quæstio* et lui demande la permission de se porter accusateur ; c'est la *postulatio nominis, delationem nominis* (1), *postulare, postulare nomen recipi.* S'il se présentait plusieurs accusateurs, il y avait lieu de procéder à *divinatio,* débat ayant pour objet de désigner lequel pourrait accuser ; on n'admettait, en effet, qu'un seul accusateur. L'accusateur prêtait le *jusjurandum calumniæ* et donnait caution de poursuivre l'affaire jusqu'au bout.

Après un certain délai, le magistrat statuait sur la requête ; en cas d'avis favorable, on procédait alors à la désignation de l'accusé et de l'objet de l'accusation ; c'est la *nominis delatio,* à laquelle, du reste, l'accusé était convoqué (2). La *nominis delatio* est libellée (*subscribere*) et affirmée sous serment, être réelle et loyalement faite.

L'affaire était alors inscrite au rôle du tribunal avec le nom des parties, c'est la *nominis receptio* (*nomen inscribere, recipere*). Le magistrat déter-

(1) Papinien, Digeste, *ad legem Juliam de adulteriis,* XLVIII ; 5, f. 11, §§ 7, 8, 10.
(2) Cicéron, *in Verrem,* 11, 28, 38.

mine le jour où la cause sera appelée ; le délai de l'assignation, quoique variable, était ordinairement de dix jours, le préteur avait, du reste, toute latitude à cet égard, il pouvait s'inspirer des circonstances et des avis des parties.

On arrive ainsi devant la *quæstio*; quelle est sa composition ?

La *quæstio* se compose d'un président (1) et de juges dont le nombre varie selon les différentes *quæstiones* (2). Les juges sont pris (3) sur une liste dressée tous les ans par le préteur *(selecti judices)* et composée de citoyens choisis d'après certaines conditions speciales ; jusqu'à Caïus Gracchus (4), l'une de ces conditions, la plus importante, est la qualité du sénateur ; ici, comme en matière civile, la judicature est le monopole de l'ordre sénatorial, les autres classes du peuple romain en sont soigneusement écartées.

Par le tableau qui précède sur l'organisation judiciaire, tant en matière civile qu'en matière criminelle, on se rend compte de l'importance que pouvait avoir le privilège de judicature pour l'ordre qui

---

(1) Le président de la *quæstio* est un magistrat. Pour la *quæstio repetundis*, c'est le *prætor peregrinus*, du moins à l'origine. Le président porte le nom de *quæstor, quæsitor*.

(2) On sait qu'il y a plusieurs *quæstiones*, chacune chargée des délits de même nature.

(3) Selon le cas, ils sont choisis par les parties ou tirés au sort par le *quæstor*, avec de larges pouvoirs de récusation.

(4) Tacite, *Annales*, XV, 20 ; Cicéron, *Brutus*, 27, *pro Cluentio*, 53, *in Verrem*, II, 2, 6.

l'aurait en sa possession, de l'influence que, de ce chef seul, il pouvait exercer dans la République. Cette influence, Caïus Gracchus a voulu la donner à l'ordre équestre ; sa tentative n'a pas été sans soulever les résistances du Sénat, et la lutte des deux ordres, autour du privilège d'être juge, a troublé toute la fin de la République : ce sera le sujet du chapitre suivant.

CHAPITRE II

Luttes autour de la judicature.

On désigne, sous le nom de lois judiciaires, une série de lois qui eurent pour but d'enlever le pouvoir de juger à l'ordre des sénateurs, pour le transporter à l'ordre des chevaliers, et réciproquement.

Elles apparaissent sous la République comme une phase de la lutte séculaire des patriciens et des plébéiens, du Sénat et des tribuns de la plèbe, lutte à laquelle vient prendre part un élément nouveau, l'ordre équestre.

On sait combien avait été vive entre les deux ordres, la discussion relative au partage des terres publiques, de l'*ager publicus*. Après de nombreuses péripéties, des périodes de revers et de succès, les tribuns de la Plèbe venaient d'être vaincus dans leurs tentatives généreuses. Les lois agraires de Tibérius Gracchus, votées sous l'empire de la violence, n'étaient pas exécutées, grâce à la coalition des sénateurs et des chevaliers, puissants par leur naissance

2

ou par leurs richesses (1). Le promoteur de ces lois avait même succombé dans la lutte sous les coups des patriciens (123 avant J.-C.).

Son parti, un instant abattu, se relève à la voix de Caïus Gracchus. — Ce dernier, instruit par l'expérience, reprend l'œuvre compromise. Un partage plus équitable de *l'ager publicus*, lui paraît nécessaire pour rétablir à Rome un peu de prospérité, il propose une loi agraire. Comme son frère, Caïus Gracchus retrouve dans les rangs de ses adversaires, les sénateurs et les chevaliers, l'aristocratie de naissance et l'aristocratie d'argent. Plus habile que lui, il comprend que pour vaincre, il faut rompre leur union, porter la division dans le camp ennemi. Pour cela Caïus Gracchus s'efforce de s'attacher les chevaliers en leur confiant exclusivement les attributions judiciaires réservées jusque là au Sénat.

Nous avons vu que la caractéristique de l'organisation judiciaire était la division des fonctions entre le magistrat et le *judex*, tant en matière civile qu'en matière criminelle. Jusqu'au deuxième siècle avant notre ère, les fonctions de magistrat et celles de juge étaient réservées à la classe des sénateurs. La réforme

---

(1) Cpr. sur ce point, Salluste, Jugurtha, 42, sur *la puissance croissante des Publicains dans la société romaine jusqu'aux Gracques* ; voyez Deloume, *Manieurs d'argent*, chap. III, sect. 1, § 1 ; Tite-Live, Epitome, 58 et 60 : *Tertiam legem C. Gracchus tulit, qua equestrem ordinem tunc cum senatu consentientem corrumperet* ; Appien, *de Bellis Civilibus*, 1, 10 et 19 ; Diodore, ed. Dindorf, *Excerpta Vaticana*, XXXIV, XXXVI, nº 12, tom. II, p. 119.

de Caïus Gracchus consista à faire passer aux chevaliers l'importante fonction de *judex* ; à une époque où la partialité et la vénalité des juges étaient devenues la règle, on voit quelle importance on attachait à ces attributions (1). Aussi la manœuvre de Caïus Gracchus ne tarda-t-elle pas à porter ses fruits.

Le Sénat est irrité d'une mesure qui le prive de son arme la plus redoutable. Les Chevaliers, sentant toute l'importance que peut acquérir entre leurs mains le pouvoir de rendre la justice, acceptent avec enthousiasme la rogation de Caïus. Le but de ce dernier est atteint ; désormais, les propositions des tribuns n'auront pas de plus chauds défenseurs, ni surtout d'aussi puissants.

Appien indique en quelques mots cette ligne de conduite et le succès qui la couronna (2). « Sûr de » l'affection des plébéiens qu'il s'était attachés par » des bienfaits, Caïus Gracchus travailla à se conci- » lier ce qu'on appelait l'ordre des chevaliers, classe » de citoyens d'un rang et d'une dignité intermé- » diaire entre les sénateurs et les plébéiens. Par un » autre décret, il fit passer des sénateurs aux che- » valiers les magistratures judiciaires dans lesquelles » les premiers s'étaient couverts d'opprobre à force

---

(1) A la fin de la République, cette question prit une importance capitale, au dire de Tacite : « *Mariusque et Sulla olim de eo vel præcipue bellarent ;*» Annales, livre XII, 40.

(2) *De Bell. civil.* 1, 22 ; *adde* Diodore, *ed Dindorf excerpta Vaticana,* 34-36, n° 12, t. II, p. 119.

» de vénalité, il leur reprocha, à cet effet, les exem-
» ples récents de ce genre de prévarication, celui
» de Cornelius Cotta, celui de Salinator, et enfin,
» celui de Manius Aquilius, le conquérant de l'Asie,
» qui avait manifestement acheté les juges par les-
» quels il avait été absous; si bien que les députés
» qui étaient venus de cette dernière région, pour-
» suivre Manius Aquilius, et qui étaient encore à
» Rome, témoins de cette iniquité, s'en étaient
» hautement et amèrement plaints. Le Sénat, dans
» la honte du reproche qu'il venait d'essuyer, vota
» la loi, qui reçut ainsi la sanction du peuple. Ce
» fut ainsi que le pouvoir juridique fut transféré des
» sénateurs aux chevaliers. »

Le moment était en effet habilement choisi pour
faire triompher une loi judiciaire et pour enlever au
Sénat ses antiques prérogatives. Les acquittements
scandaleux s'étaient multipliés et il justifiait pleinement, par sa conduite, les défiances qui se tradui-
saient dans les lois de Caïus Gracchus (1). Soutenu
par les Chevaliers, le parti plébéien fit triompher
sans peine, devant le peuple, les rogations de son
chef : le Sénat était vaincu. L'aristocratie patricienne
avait été déjà atteinte par la loi *Sempronia de capite
civium romanorum* (2), destinée, dans l'esprit de

---

(1) Outre des exemples donnés par Appien, voir Tite-Live,
XLIII, 2.

(2) Sous ce titre, M. Laboulaye (*lois criminelles des Romains*,
p. 212, note 3), estime que l'on doit réunir trois dispositions dont

son auteur, à venger les violences dont Tibérius Gracchus avait été victime, et à en empêcher le retour, en même temps qu'elle lui enlevait le pouvoir d'épouvanter, avec le *mos majorum*, le parti populaire ; elle se voyait maintenant dépouillée, pour l'avenir, de la prérogative qu'elle avait défendu pendant longtemps avec tant d'acharnement, et qu'elle avait réussi à conserver.

Par les lois judiciaires de Caïus Gracchus (122 avant Jésus-Christ), les chevaliers prenaient la première place dans la République. Leurs richesses ne firent qu'augmenter avec leur prévarications ; certains de l'impunité, ils poussèrent leurs exactions jusqu'aux dernières limites et arrivèrent par là au point culminant de leur carrière (1). Appien le constate dans la suite du passage que nous avons rapporté plus haut (2). « Par la juridiction universelle » que les chevaliers acquirent sur tous les citoyens » romains, soit de la ville, soit du dehors, et sur les » sénateurs eux-mêmes, pour toute somme quel-» conque en argent, pour tous les cas d'infamie et » d'exil, ils devinrent en quelque façon les magis-

---

Sigonius et les historiens ou jurisconsultes qui l'ont suivi, ont fait trois lois distinctes : 1. *Ne de capite civium injussu populi judicaretur* (Cic., pro Rabirio ; 2. *Ut qui magistratus indicta causa in civem romanum animadvertisset, de eo populi judicium constitueretur* (Plutarque, Caïus Gracchus) ; 3. *Ne quis coiret quo quis judicio publico circumveniretur* (Cic., pro Censu).

(1) Deloume, *Manieurs d'argent*, ch. III, sect. 1, § 2.

(2) Appien, I, 22 ; *de Bell. Civil.*, traduct. Combes-Dounous.

» trats suprêmes de la République ; et les Sénateurs
» se trouvèrent descendus, envers eux, au rang de
» subordonnés. Dès lors, les chevaliers firent cause
» commune avec les tribuns dans les élections. A
» leur tour, les tribuns leur accordèrent tout ce
» qu'ils voulurent ; et ce concert jeta les sénateurs
» dans la plus sérieuse consternation. En peu de
» temps, la prépondérance politique fut déplacée.
» La considération seule resta du côté du Sénat.
» Tant le pouvoir passa du côté des chevaliers.
» A la longue même, non seulement ils exer-
» cèrent presque toute l'autorité, mais ils poussè-
» rent les choses jusqu'à insplter publiquement les
» sénateurs du haut de leurs tribunaux. Ils se lais-
» sèrent aussi gagner par degrés à la vénalité ; et
» lorsqu'ils eurent une fois tâté de ces gains illicites,
» ils s'y livrèrent avec plus de turpitude, avec une
» cupidité plus démesurée que ne faisaient leurs
» devanciers. Ils apostaient des accusateurs contre
» les citoyens riches ; et tantôt avec circonspection,
» tantôt sans ménagement, ils violaient, dans tous
» les cas, les lois contre la vénalité ; de manière que
» ce genre de responsabilité politique tomba en-
» tièrement en désuétude ; cette révolution dans
» l'ordre judiciaire prépara de longs et nouveaux
» sujets de sédition non moindres que les précé-
» dents. »

La réforme paraît avoir été généralement bien
accueillie ; en enrichissant les publicains, elle aurait
entraîné une hausse considérable sur les actions des

sociétés vectigaliennes, qui, de l'avis de M. Deloume, étaient répandues dans toutes les classes de la société. Dès lors, les sénateurs eux-mêmes profitaient de ces lois dans leur fortune, s'ils en souffraient dans leur prestige et dans leur puissance politique. Il y a probablement là un des éléments de succès de la réforme judiciaire (1).

Quoiqu'il en soit, Caïus Gracchus avait atteint son but ; sa loi agraire avait été votée. Dans la suite, il succomba lui-même dans la lutte ; les lois agraires et frumentaires, partie capitale de son œuvre, disparurent devant l'indifférence de la plèbe, pour qui elles avaient été faites ; mais les chevaliers ne se désintéressèrent pas de la loi judiciaire qui survécut, entretenant une guerre civile ininterrompue jusqu'à la fin de la République. Désormais, elle sera le brandon de discorde comme l'avait été la loi agraire ; c'est autour d'elle que se livreront les grands combats entre les diverses classes de la société romaine.

Après la mort de Caïus Gracchus, le parti de la noblesse fit tous ses efforts pour réprimer la tyrannie des chevaliers ; il essaie de faire abroger la loi *Sempronia*. Servilius Capio propose d'attribuer les jugements aux seuls sénateurs, et Crassus, surnommé le patron du Sénat, met à défendre la loi *Servilia Cæpionis* (106 avant J.-C.) toute son éloquence :

_____

(1) Voir Deloume, op. cit., p. 179 et suiv.

« *Eripite nos ex miseriis, eripite nos ex faucibus*
» *eorum, quorum crudelitas nostro sanguine*
» *non potest expleri, nolite sinere nos cuiquam*
» *servire, nisi vobis universis quibus et possu-*
» *mus et debemus* (1).

On ne sait pas si ses efforts entraînèrent le vote
de la loi; en tout cas, le triomphe du Sénat ne
dura pas longtemps; la loi n'aurait été appliquée
qu'un an.

Nous arrivons à Marius et à Sylla. Marius, d'origine plébéienne, général victorieux, était le chef
désigné du parti populaire. Ce fut sous son nom
que les chefs de la plèbe, héritiers politiques des
Gracques, reprirent la lutte contre le Sénat. Servilius
Glaucia proposa une loi (*lex Servilia*, 105 av. J.-C.),
rétablissant les Chevaliers dans leurs prérogatives.
La rogation fut votée, et pour comble d'audace, on
décida, sous l'impulsion de Saturninus, que les
sénateurs devaient approuver et jurer eux-mêmes
la loi, sous les peines les plus sévères (2).

Cependant, le Sénat ne se tint pas pour battu;
s'appropriant la tactique qui avait si bien réussi à
Caïus Gracchus, il se rendit favorables Marius et les
chevaliers, et, fort de cet appui, il renversa Glaucia
et Saturninus, ses redoutables ennemis; il s'attaqua,
ensuite, à leurs réformes; mais s'il réussit à faire

(1) Cicéron, *de Oratore*, 1, 52.
(2) Appien, *de Bell. civ*, 1, 31.

abroger la plupart des lois qu'ils avaient fait adopter, il ne put venir à bout de la loi judiciaire; sur ce point, l'ordre équestre fût irréductible.

Vainement, le Sénat essaya-t-il de miner la puissance des Chevaliers; aux attaques de Q. Mucius Scœvola, préteur d'Asie, qui sévit contre leurs exactions, les Publicains répondaient par la condamnation du lieutenant et ami de Scœvola, P. Rutilius Rufus, et la mise en accusation de Scaurus et de Crassus, les chefs de la noblesse.

Le Sénat se sentait écrasé dans la lutte, tant que l'ordre des chevaliers détiendrait les jugements; Livius Drusus, tribun de la Plèbe, prit en mains ses intérêts et entreprit d'enlever la judicature à l'ordre équestre. Malgré ses lois agraires et frumentaires, malgré les promesses de la cité qu'il fit aux italiens, Drusus ne fut nullement un continuateur des Gracques; parmi ses lois, il faut distinguer celles qui furent le but de sa politique de celles qui n'en étaient que les moyens; son intention principale était de rendre la judicature au Sénat (1). Dans ce but, il proposa d'adjoindre aux sénateurs trois cents des chevaliers les plus distingués et de donner les jugements à ce corps ainsi recomposé. Il fut également question de remettre en vigueur les lois contre la vénalité des juges, avec l'intention avouée

---

(1) Tite-Live, Epitome 70 et 71; Appien, *Guerres civiles*, I, 35, Velleius, II, 13, Cicéron, *pro Cornélio*, I.

de donner à cette loi un effet rétroactif contre les chevaliers. Ce plan fut mal accueilli : le Sénat trouva mauvais qu'on voulut, tout d'un coup, élever de simples chevaliers et en si grand nombre, à la dignité de sénateurs ; il craignait, en outre, d'être débordé. Les chevaliers, de leur côté, craignaient d'être abandonnés par ceux d'entre eux qui deviendraient sénateurs, et de perdre ainsi à tout jamais la judicature (1). De plus, les deux ordres étaient également menacés par ses autres rogations ; ils tombèrent d'accord pour le faire assassiner. L'année même, sa loi judiciaire fut abolie par un simple sénatus-consulte, comme votée d'une façon irrégulière.

Débarrassés de Drusus, les deux ordres recommencèrent la lutte ; les troubles suscités par ses promesses parurent favorables au Sénat pour reprendre l'offensive. Profitant des embarras des Publicains, occupés à sauvegarder leurs intérêts menacés par la guerre sociale, profitant de la frayeur du peuple, il suspendit d'abord les jugements, puis fit proposer une loi nouvelle. Le tribun Marcus Plotius Silvanus (89 avant J.-C.), fit adopter la *lex Plotia judiciaria*, aux termes de laquelle les juges étaient nommés directement par le peuple. Toute restriction était supprimée, et le choix annuel de quinze juges par tribu était confié à la tribu elle-même, sans

(1) Appien, *Guerres civiles*, I, 35.

exclusion d'aucun citoyen, sénateur, chevalier ou
plébéien ; ces 425 citoyens composaient l'*album
judicum*. « Il semble, dit M. Laboulaye (p. 252),
que le parti de la noblesse eût fait tourner les
élections à son profit, et que les sénateurs prirent
le dessus dans les jugements, soit qu'ils fussent en
très grand nombre sur l'*album*, soit que le préteur
les choisit de préférence. »

Cependant, Rome, après avoir vaincu en apparence
les italiens, se trouvait en réalité épuisée par la
guerre sociale, d'autant que la guerre civile se
maintenait aussi violente que jamais dans la capitale.
Sylla, défenseur du Sénat, entrait dans Rome avec
son armée et abattait le parti de Marius et de Sul-
picius, s'attachant à restituer à l'aristocratie les privilèges qu'elle avait perdus. Les proscriptions, les
assassinats et les confiscations commencèrent, diri-
gées surtout contre les chevaliers, le grand ennemi
du Sénat. « L. Sulla, écrit Cicéron, *homo a popu-
lari causa remotissimus,...... pro illo odio quod
habuit in equestrem ordinem, nihil fecisset
libentius, quam illam acerbitatem proscrip-
tionis suæ qua est usus in veteres judices (exer-
cere)* (1). Les chevaliers, à peu près anéantis, Sylla
s'occupa de reconstituer, sur les anciennes bases,
la société romaine. Il commença par supprimer les
attributions les plus importantes du tribunat : droit

---

(1) *Pro Cluentio*, 55 ; voyez aussi Cicéron, *Pro Roscio*, 48 ;
Appien, *de Bell. civ.*, I, 95 et ss.

de convoquer les comices, droit de haranguer le peuple, droit de veto législatif, et ne lui laissa guère que le droit d'intercession, *jus auxilii*. Puis, se retournant contre les chevaliers, il leur enleva les jugements pour les confier exclusivement au Sénat, qui n'eut même plus le contrôle de l'appel au peuple.

Le Sénat, chargé à la fois de l'administration et de la justice, exerçait une souveraineté sans contrôle ; son pouvoir n'eut de limite que son honnêteté. La corruption qui régnait à cette époque est inouïe (1) ; elle fut si grande, qu'en la comparant à celle des chevaliers, on en vint à regretter la modération de ces derniers. D'autre part, le peuple ne cessait de réclamer le rétablissement de la puissance tribunitienne. Aussi, quelque temps après la mort de Sylla, satisfaction fut donnée à l'opinion publique par les lois *Pompeia tribunicia* (71 avant J.-C.) et *Aurélia judiciaria*. La première, due à Pompée, restitua au peuple ses tribuns avec toutes leurs anciennes prérogatives ; la deuxième, proposée par le préteur L. Aurélius Cotta, réorganisa la justice en imposant aux partis une sorte de transaction (2). Désormais, ce ne sera plus aux sénateurs seuls ou à leurs adversaires, les chevaliers, que seront confiés les jugements ; les judices seront pris à la

---

(1) Cicéron, *pro Cluentio*, en particulier, § 28 ; in *Verrem*, I, 98.
(2) Asconius, *in Pisonem*, *in Cornel*, 67, 68 et 127 ; Cicéron, *ad Atticum*, I, 16, 3 ; *Philipp*., I, 8,20 ; *pro Cluentio*, 47 ; *ad Quintum fratrem*, II, 6, 6 ; *Velleius Paterculus*, II, 32.

fois parmi les sénateurs, les chevaliers et les plus imposés de la plèbe, que l'on appelle les *tribuni œrarii* (1). Quelque temps après, une loi de Pompée (56 avant J.-C.) complétait la réforme par une mesure nécessaire. Jusque-là, le préteur avait exercé le droit en entrant en fonctions, de dresser à son gré la liste des *judices*, à la seule condition de les choisir, soit dans l'ordre des sénateurs, soit dans l'ordre des chevaliers, soit parmi les trois classes des citoyens déterminés par la loi *Aurelia*. La *lex Pompeia* enleva au préteur ce droit et lui imposa l'obligation de prendre les *judices* parmi les plus imposés des trois ordres.

Ainsi se termina le conflit qui avait mis si souvent aux prises les diverses classes de la société romaine; la querelle des jugements est terminée; il n'était plus question de savoir qui jugerait, mais qui régnerait.

Ce serait une grave erreur de croire que les maux dont souffrait la République eussent disparu. Si le pouvoir de juger n'appartenait plus à telle ou telle classe de citoyens, il appartenait aux plus riches, aux plus imposés; la vénalité reste aussi grande qu'aux époques précédentes, mais ce n'est plus la faute des

(1) Sur le point de savoir ce qu'étaient, en réalité, les *tribuni œrarii* de la *lex* Aurélia, il y a des difficultés. Cpr. Laboulaye, *op. cit.*, p. 277 et s. ; Mispoulet, p. 208 ; Madwig, *de tribunis œrariis disputatio* ; Belot, *op. cit.*, II, p. 276 et s. ; Marquardt, *Handbuch des romisch altterthumes*, 3ᵉ partie, 2ᵉ division, et *Historiæ equitum romanorum*, liv. II, cap. 3, nᵒ 95 ; Deloume, *op.*, *cit.* p. 426 et 427.

institutions, c'est la faute des mœurs introduites
par les luttes sanglantes des partis ; l'impunité sera
assurée non plus à la qualité de sénateur ou de
chevalier, mais au plus fort, à celui qui est assez
riche pour acheter une troupe de gens sans aveu,
et qui à leur tête mettra en fuite les juges, s'em-
parera des urnes et s'opposera au jugement.

Il y a cependant, jusqu'à Auguste, quelques lois
judiciaires de minime importance. On peut citer
une loi Fufia (59 avant J.-C.) qui prescrit aux trois
ordres de voter dans des urnes spéciales, afin de
bien établir la responsabilité de chacun : la loi
Licinia de sodalitiis (55 avant J.-C.) relative au
choix et aux récusations des juges. — Une loi
de César qui enlève aux *tribuni ærarii* les jugements
de sorte que le droit de juger est conservé aux
seuls sénateurs et chevaliers. — Auguste établit de
nouveau une troisième classe de juges, mais ce ne
sont plus les *tribuni ærarii*, ce sont des officiers,
des étrangers, des soldats gaulois.

Auguste, vainqueur d'Antoine et investi de la
toute puissance, s'attacha à mettre de l'ordre dans
l'organisation judiciaire (1). Les *leges Juliæ Augusti
judiciariæ publicorum et privatorum judiciorum* modifia encore la liste si souvent remaniée

---

(1) Digeste, fr. 3 et 12, *de Accusationibus et inscriptionibus,*
XLVIII 2 ; *Fragmenta vaticana*, §. § 197, 198 ; Macrobe, *Saturnales* ; 1, 10, Aulu-Gelle, XIV, 2 ; Suétone, *Auguste*, 32.

des *judices*. Trois décuries de juges sont créées ; elles sont recrutées partie parmi les sénateurs, partie parmi les chevaliers ; Il y adjoint une quatrième décurie comprenant les ducenaires, c'est-à-dire les citoyens ayant la moitié du cens équestre.

Sous l'empire, la liste des *judices* est encore modifiée. Caligula joint une cinquième décurie et les historiens rapportent que sous Galba il fut question d'en créer une sixième : la proposition n'aboutit pas (1).

(1) Suétone, *Caligula*, 49 ; *Galba*, 14 ; Pline, *Hist. nat.*, 33, 8.

CHAPITRE III

Les lois judiciaires.

— —

Les lois judiciaires ne nous sont connues que par les passages des historiens ou des orateurs qui en ont parlé, sauf cependant pour la loi de Servilius Cœpio. On doit procéder par inductions pour en connaître les principales dispositions. Les auteurs, du reste, sont généralement d'accord entre eux ; il n'y a de dissidence sérieuse qu'à propos de la loi Sempronia.

Voici, en effet, comment s'exprime Plutarque en parlant de l'œuvre du grand tribun : « des lois qu'il » proposa ensuite pour augmenter le pouvoir du » peuple et affaiblir celui du Sénat..... la cin- » quième, relative aux tribunaux, diminuait beau- » coup en cette partie l'autorité des sénateurs » chargés seuls du jugement de toutes les affaires, » ils se faisaient redouter du peuple et des cheva- » liers. La loi de Caïus ajoutait aux trois cents sé- » nateurs qui occupaient alors tous les tribunaux,

» autant de chevaliers romains et attribuait indis-
» tinctement à ces six cents juges la connaissance de
» tous les procès » (1).

Ce passage de Plutarque, quelque affirmatif qu'il
puisse être, n'infirme en rien le passage d'Appien
que nous avons rapporté dans le chapitre précédent
et où cet auteur affirme catégoriquement que Caïus
Gracchus transféra la judicature des sénateurs aux
chevaliers. Tous les auteurs latins ont parlé comme
lui de cette loi : Cicéron, Velleius, Florus, Pline,
Tacite, etc. (2) la considèrent comme un coup terri-
ble porté à la puissance du Sénat, comme une substitution complète des chevaliers aux sénateurs, dans
les tribunaux.

Plutarque a commis une erreur complète, sa
méprise s'explique par la connaissance imparfaite
qu'il aurait eue d'un plan de Caïus Gracchus qui
nous est rapporté par Tite-Live : « C. Gracchus, pour
» corrompre l'ordre équestre, qui s'entendait alors
» avec le Sénat, proposa une loi pour que six cents
» des chevaliers fussent élevés au rang des séna-
» teurs. Comme le Sénat de ce temps là ne comp-
» tait que trois cents membres, ces six cents che-
» valiers se seraient mêlés avec eux, de façon à
» donner à l'ordre équestre dans le Sénat, la majo-
» rité, les deux tiers. Puis, s'étant fait accorder le
» tribunat pour une seconde année, Caïus Gracchus

(1) Plutarque, *Vie de Tibérius et Caïus Gracchus*, XXXIV.
(2) Appien, *Bell. civ.*, I, 22 ; Cic., *in Verrem*, I, 13 ; Velleius,
II, 6, 13, 32 ; Florus, III, 17 ; Pline, *Hist. nat.*, XXXIII, 8 ; Tacite, *Annales*, XII, 60.

» proposa plusieurs lois agraires, afin d'établir
» beaucoup de colonies en Italie. » (1).

Ce projet de Caïus Gracchus appartient à la première année de son tribunat, tandis que c'est dans
la seconde que fut votée la loi judiciaire. Il ne porta
pas, comme le dit Plutarque, le nombre des sénateurs à six cents, mais il eut un moment l'intention
de le porter à neuf. Son but, nous le savons, était
de faire voter sa loi agraire; il songeait à chan, r
brusquemment la majorité dans le Sénat. Mais il
s'aperçut qu'en agissant ainsi il eût fait le jeu de
l'aristocratie ; il renforçait le Sénat en même temps
qu'il décapitait l'ordre équestre en lui enlevant ses
chefs. De plus, les chevaliers et les sénateurs res-
taient unis contre la loi agraire, par la communauté
de leurs intérêts. Il abandonna ce projet, et par sa
loi judiciaire telle que nous la présente Appien, il
créa entre les deux ordres le conflit à la faveur duquel il fit adopter ses lois agraires.

On n'a aucun renseignement direct quant aux
conditions d'âge et de fortune qui étaient imposées
aux juges par la loi Sempronia ; cependant, on peut
les déterminer d'une façon à peu près certaine.
Nous verrons que la loi *Servilia de repetundis*,
qui fut faite l'an 105 ou 104 avant J.-C. et dont des
fragments nous sont parvenus, défend d'inscrire
sur l'*album judicum* un citoyen âgé de moins de
trente ans, ou de plus de soixante. Il est plus que

(1) Tite-Live, Epitome, 60.

problable qu'une disposition analogue existait dans
la loi judiciaire de Caïus Gracchus. Les mêmes raisons existaient dans les deux cas : à trente ans, un
chevalier pouvait avoir achevé ses dix ans de service
et il pouvait briguer la questure ; au-delà de soixante,
il n'était plus requis pour le service militaire. Il
était naturel que la trentième année, qui ouvrait
aux chevaliers la carrière des magistratures, leur
ouvrit aussi l'accès des tribunaux, et qu'à soixante
ans on fut dispensé de juger comme de porter les
armes.

On arrive de même à déterminer, d'une façon à
peu près certaine, les conditions de fortune exigées :
il fallait payer le cens équestre de la première classe.
Voici dans quels termes Cicéron combat la création
d'une troisième décurie de juges composée de centurions (1) : « Quelle est cette troisième décurie ? —
» Celle des centurions, dit Antoine. — Quoi donc ?
» la loi de Jules César, celle de Pompée, celle d'Au-
» rélius Cotta n'ouvraient-elle pas à des centurions
» l'accès des tribunaux ? — Oui, dit Antoine, mais à
» condition de posséder un cens déterminé. Cette
» condition n'était pas imposée seulement au centu-
» rion, mais même au chevalier romain. Ainsi, des
» hommes très braves, très honorables, qui ont été
» centurions, sont et ont été juges. — Je n'ai pas
» besoin de ceux-là, dit Antoine ; que quiconque a
» été centurion d'une compagnie soit appelé à la

(1) Cicéron, *Philippiques*, I, 8.

» judicature. — Mais si vous proposiez de nommer
» juge quiconque aurait fait le service de la cava-
» lerie, qui est plus distingué que celui de centurion,
» vous ne persuaderiez personne ; car, pour choisir
» un juge, il faut avoir égard à la fortune, autant
» qu'au mérite personnel. »

Il y avait donc un cens exigé pour pouvoir être
juge, cens que tous les chevaliers n'avaient pas, et à
défaut duquel ils ne pouvaient pas siéger dans les
tribunaux. C'était le cens équestre lui-même, celui
de la première classe. Beaucoup de chevaliers, qui
avaient dissipé leur fortune, n'en conservaient pas
moins le titre de chevalier, héréditaire de leur
famille (1) ; mais comme ils n'avaient plus ce que le
législateur considérait alors comme une garantie de
leur indépendance judiciaire, ils étaient privés du
droit de juger.

Ce cens de la première classe exigé, au dire de
Cicéron, par la loi d'Aurélius Cotta (70 avant J.-C.),
était également exigé dans la loi agraire de Thorius
(111 avant J.-C.) (2) de ceux qui composaient la
liste sur laquelle le consul pouvait choisir les récu-
pérateurs. Or, à cette époque, la *lex Sempronia*
était dans toute sa vigueur, et il est permis de croire
que les mêmes principes régissaient le recrutement
des *judices* et des *recuperatores*. On peut conclure

(1) Sur ce point, Cicéron, *Pro Sextio*, 51, *Pro Rabirio Pos-
tumo*, 15.
(2) *Lex Thoria*, § 17, *apud Egger*, *Vetust. sermon. lat. reliq.*
p. 217.

que, pour être juges, il fallait non seulement avoir le titre de Chevalier, mais encore avoir la fortune d'un citoyen de la première classe.

Un mot de Julius Obséquens (1), compilateur du quatrième siècle, a fait croire à Sigonius et à quelques auteurs après lui, que la loi de réaction de Servilius Cœpio (106 avant J.-C.) partagea la judicature entre le Sénat et les chevaliers. Mais Tacite affirme qu'elle fut simplement restituée au Sénat, et, d'autre part, Cicéron (2) place le partage entre les deux ordres à l'époque de la loi Plotia, qui est de 89 avant J.-C. Ces autorités nous semblent devoir l'emporter ; du reste, cette loi n'est pas importante, car, si elle fut votée, ce qui est douteux, elle dura à peine un an.

C'est, en effet, l'année suivante (105 ou 104 avant J.-C), que fut votée la loi de Servilius Cœpio. On a conservé de cette loi de nombreux fragments qui ont été réunis et complétés par Klenze. Nous en signalerons quelques dispositions ; rien n'est plus propre à faire comprendre l'organisation judiciaire de Rome :

« Tout dictateur, consul, préteur, maître de la » cavalerie, censeur, édile, qui se sera fait donner » par un citoyen romain, par un allié, par un ami » ou par un sujet de Rome, en un an, plus de (le

---

(1) *Julius Obsequens*, *de prodigiis*, 101 et *Sigonius*, lib. II, cap. 18.

(2) Tacite, *Annales*, XII, 60 ; Cicéron, *pro C. Cornelio*, 1.

» nombre manque) sesterces sera soumis à cette loi.
» Il en sera de même de tout tribun de la plèbe,
» questeur, triumvir capital, triumvir chargé d'assi-
» gner les lots de terre, ou tribun militaire de l'une
» des quatre premières légions, qui aura reçu en
» un an plus de (autre nombre effacé) sesterces (1). »
La loi fixait aussi une limite particulière pour les
cadeaux que pourraient recevoir les fils de ces magistrats, si leurs pères étaient déjà sénateurs. Sigonius croyait que la somme à partir de laquelle le
magistrat devenait concussionnaire, était de *centum
aureorum*, mais Klenze n'ose pas mettre cette
somme, il laisse la lacune (2).

» Pour l'année où la loi sera faite, le préteur péré-
» grin choisira dans les dix jours qui suivront le vote
» de la loi, quatre cent cinquante juges qui jugeront
» cette année-là. Ne pourra être choisi au nombre
» de ces quatre cent cinquante juges, quiconque a
» été ou est tribun de la plèbe, questeur, triumvir
» capital, tribun militaire de l'une des quatre
» premières légions, sénateur ou rétribué, ou frappé
» d'une condamnation qui lui ferme l'entrée du
» Sénat, ou âgé de moins de trente ans ou de plus de
» soixante, ou domicilié hors de Rome et à plus de
» cinq milles de ses murs, ou père, ou frère, ou fils
» d'un sénateur, ou en voyage, ou au-delà de la mer.
» Le préteur marquera le nom du père, celui de la

(1) Loi Servilia, § 1.
(2) Klenze, *lex Servilia*, p. 2, note 5.

» tribu, et le nom de famille de chacun des juges
» qu'il aura choisis; il conservera leurs noms écrits
» à l'encre sur l'album où il les aura rangés par
» tribus. Il gardera ces noms affichés sur le tableau :
» il en lira la liste devant l'assemblée et jurera qu'il
» a choisi ceux qu'il a cru devoir juger conscien-
» cieusement. Les noms des quatre cent cinquante
» juges qu'il aura choisis seront inscrits dans les
» archives publiques pour être toujours conser-
» vés » (1). C'est dans cet article qu'apparaissent les
préoccupations du législateur. Les sénateurs et leurs
parents sont soigneusement exclus des jugements.
Le préteur doit choisir les *judices* parmi l'élite d'une
ou plusieurs classes de citoyens, et son choix devra
se fonder sur la moralité de ceux qu'il inscrit au tableau. Mais la loi ne permet pas de choisir des juges
habitant à plus de cinq milles de Rome. Or, la
plupart des chefs de l'aristocratie financière avaient
été attirés à Rome par l'importance de leurs affaires ;
c'est là que tous les riches publicains, les directeurs
des compagnies vectigaliennes avaient établi leur
domicile. C'était donc à la partie la plus riche de
l'ordre équestre, à un millier de familles puissantes
par leur fortune, que la loi de Glaucia accordait les
jugements.

Dans un autre paragraphe (2), la loi prend des

(1) Loi Servilia, § 6.
(2) *Lex Servilia*, § 8.

précautions minutieuses pour empêcher la *préva-rication*. Il y avait là un trait de mœurs très parti-culier ; lorsqu'un Romain se sentait menacé, il s'entendait avec un compère qui le mettait en accu-sation et organisait ainsi une comédie judiciaire d'où l'accusé sortait triomphant et à l'abri de nouvelles poursuites pour le même fait. — La loi écarte soi-gneusement du jury de jugement les parents des parties, les « membres de la même société ou du même collège » ; les adversaires « jureront qu'ils ont cru se conformer aux prescriptions légales. » — Ces dispositions, bonnes en elles-mêmes, étaient inefficaces dans les mains des chevaliers, chez qui l'esprit de corps était tellement développé, que « c'était une règle observée alors et comme établie » d'un commun accord que celui qui osait faire » affront à un chevalier romain, fût jugé digne de » châtiment par l'ordre tout entier (1). »

Enfin, il faut signaler une disposition de la loi Servilia, plus efficace peut-être qu'une peine devant laquelle eût reculé la timidité du jury, qui donnait une prime à l'accusation : « Si l'accusateur n'est » pas citoyen romain et qu'il fasse condamner l'ac-» cusé par le jugement *de repetundis*, il aura le » droit de cité, et avec lui sa femme, ses enfants » et ses petits-fils, nés de son fils, l'auront aussi ; » ils auront le droit de commerce et de mariage » d'après la loi des Quirites. Les mâles de sa famille

(1) Cicéron, *in Verrem*, art. 2, lib. 3, chap. XLI.

» auront le droit d'arriver aux charges publiques,
» le droit de suffrage dans une tribu où ils seront
» inscrits par les censeurs, l'exemption du service
» militaire. Toutes leurs campagnes leur seront
» comptées comme finies (1). »

Il y avait là une indemnité pour les périls de
l'accusation, en même temps qu'une garantie contre
la vengeance du successeur dans la province, jaloux
de punir l'injure faite à un collègue.

Le texte des lois judiciaires postérieures n'a pas
été conservé ; les auteurs par qui elles nous sont
signalées sont, du reste, d'accord quant à leurs dispositions principales, et, en dehors de la désignation
des juges, il ne paraît pas qu'elles aient renfermé
des dispositions importantes.

(1) *Lex Servilia*, § 23.

CHAPITRE IV

Portée des lois judiciaires.

Les lois judiciaires s'appliquent-elles à la fois à la justice criminelle et à la justice civile, ou bien ont-elles modifié seulement la première? « C'est une chose fort connue, dit M. Accarias (1), que, sous le tribunat de Caïus Gracchus, la justice criminelle fut transportée des sénateurs aux chevaliers et que, depuis lors, ces deux ordres se la disputèrent pendant plus d'un demi-siècle, les passions politiques l'attribuant tantôt à l'un, tantôt à l'autre. La question est de savoir si la justice civile éprouva les mêmes vicissitudes. Or, à cet égard, les témoignages anciens manquent de précision, et les interprètes ne s'accordent pas. » Le doute que le savant romaniste exprime pour la loi judiciaire de Caïus Gracchus, reparaît pour la loi Aurélia. « Cette loi, dit-il, s'appliquait certainement à la justice criminelle. Mais

(1) *Précis de Droit romain*, t. II, p. 663, note 1 et 2 (4e édit.).

on ne peut affirmer qu'elle s'appliquait aussi à la justice civile. »

Tous les auteurs ne partagent pas les doutes de M. Accarias. « La liste des personnes, écrit M. Kel-
» ler, parmi lesquelles, pour chaque affaire, devaient
» être pris les juges, se composait anciennement, à
» Rome, des membres du Sénat. Il ne paraît pas
» que les changements opérés sur ce point à l'égard
» des *judicia publica* — pour lesquels on voit
» déjà, au septième siècle, les *judices selecti* pris
» tantôt entièrement, tantôt en partie, hors du
» Sénat — aient été, au moins immédiatement,
» appliqués aux *judicia privata*. Pour ces der-
» niers, l'ancien état de choses semble s'être modifié
» moins vite que pour les premiers. C'est sous Au-
» guste qu'il est question, en effet, pour la première
» fois, au sujet des *judicia privata,* d'un *album*
» *judicum selectorum* spécial, composé de per-
» sonnes appartenant à diverses classes. Les témoi-
» gnages qui se rapportent à ce point disent que
» cet empereur ajouta, aux trois décuries qui exis-
» taient déjà, une quatrième décurie pour les affai-
» res de moindre importance (1). »

MM. Puchta et Walter (2) admettent également que les lois judiciaires sont spéciales aux *judicia publica.*

(1) Keller, *De la procédure civile et des actions chez les Romains,* § 10, n° 154.

(2) Puchta, *Cursus der institutionen,* § 154; Walter, *Geschichte des Rœmischen Rechts,* §§ 696, 734.

M. Labatut rejette cette opinion. « Il est généralement admis aujourd'hui, dit-il, et il nous paraît évident que toutes les lois judiciaires que nous avons réglaient, en même temps, la composition des tribunaux civils et criminels. Sous Auguste, du reste, cette assertion ne peut soulever le moindre doute. » Cette opinion est la plus généralement adoptée, tant par les savants allemands que par les auteurs français les plus connus (1).

Voyons les arguments qui ont été présentés de part et d'autre.

Premier Système. — Les lois judiciaires sont spéciales aux *judicia publica ;* on invoque des textes qui paraissent formels dans ce sens.

Suétone, parlant de la formation et de la révision des décuries opérées sous Auguste, s'exprime ainsi : « *Ad tres judicum decurias quartam addixit ex inferiore censu qui ducenariorum vocaretur judicaret que de levioribus summis.* » Aux trois décuries de juges, il en ajouta une quatrième d'un cens inférieur, celle des ducenaires, qui

---

(1) Labatut, *Histoire de la préture*, p. 234 — Ortolan, *Explication historique des Institutes*, n° 281. — Belot, *Histoire des Chevaliers*, II, p. 204 et ss. — Mispoulet, *Les Institutions politiques des Romains*, II, p. 474. — Deloume, *Manieurs d'argent*, p. 277, note 2. — A l'étranger : Klenze, *Lex Servilia*, p. 14 et s. — Rudorf, *Remische Rechtsgeschichte*, § 39. — Zimmern, *Théorie de la procédure*, trad. Etienne, § 9, note 8; Madvig, *die Verfassung und verwaltung der römischen staates*, II° v., par. 12, Bethman, *der Civil prozes der Gemeinceus Rechts*, t. II, p. 50.

eut à juger les procès de médiocre importance (1).
Ce texte établit que la loi à laquelle Suétone fait
allusion attribua les *judicia privata* à des juges
pris parmi les *equites*; c'est donc que jusqu'alors
les membres du Sénat en avaient eu le privilège
exclusif.

Aulu-Gelle fait mention, de la manière la plus
précise, de *judices privati a prætoribus selecti :*
« *Quò primum tempore a prætoribus lectus in
judices sum ut judicia quæ appellantur privata
susciperem.* — Je fus choisi par les préteurs pour
être chargé des jugements qu'on appelle privés » (2).
— Il n'est donc pas douteux que l'*album judicum
selectorum* pour les *judicia privata* ne fut complètement distinct de celui des *judices* pour les *judicia publica.* Les juges formaient donc deux catégories dictinctes et les dispositions législatives, rerelatives à l'une de ces catégories, n'avaient pas forcément trait à l'autre.

Cette distinction entre les *judicia privata* et les
judicia publica se retrouve aux numéros 197 et
198 des *Fragmenta vaticana.* Il s'agit, dans ces
textes, des cas d'excuses que peuvent invoquer les
juges : « An bello amissi a tutela excusare debeant?
» Nam et in fascibus sumendis et in judicandi mu
» nere pro superstitibus habentur, ut lege Julia de
» maritandis ordinibus, de fascibus sumendis, et

---

(1) Suétone, *Octave-Auguste,* 32.
(2) Aulu-Gelle, *Nuits Attiques,* XIV, 1.

» publicorum capite vicesimo sexto, itens privato-
» rum capite vicesimo septimo de judicando cave-
» tur. » Les mêmes chapitres de la même loi sont
mentionnés au paragraphe suivant : « Item. Sed
» utrum soli filii, an et nepotes debeant prodesse ?
» Subsistendum, quoniam lex quidem privato-
» rum, capite XXVII, ex se natos appellat : lex
» vero publicorum, capite XXVI, liberorum facit
» mentionem. » Le rédacteur de la loi Julia fait
une telle différence entre les *judicia publica* et les
judicia privata, qu'il les étudie dans deux chapitres différents ; chaque catégorie a ses règles et
ses juges, ce qui est vrai pour l'une, ne l'est pas
pour l'autre, et les lois qui ont successivement modifié les *judicia publica* n'avaient aucune influence
sur les *privata*, en l'absence d'une disposition précise et particulière s'y rapportant.

Il faut enfin citer à l'appui de cette opinion un
passage de Cicéron qui mentionne un sénateur
comme juge : « Fimbriam consularem audiebam de
» patre nostro, judicem M. Lutatio Pinthiæ fuisse,
» equiti romano sane honesto... » (1) ; c'est donc
que les lois de Caïus Gracchus n'avaient pas enlevé
au Sénat les jugements en matière civile.

Tels sont les principaux arguments que l'on peut
invoquer en faveur du système qui restreindrait les
lois judiciaires aux matières criminelles ; examinons
maintenant l'opinion adverse.

(1) Cicéron, *De Officiis*, III, 19.

DEUXIÈME SYSTÈME. — Les lois judiciaires ont trait aussi bien aux *judicia privata* qu'aux *judicia publica*.

On peut faire valoir, en faveur de cette opinion, des considérations d'ordre divers.

Et d'abord, on peut dire qu'elle est plus rationnelle : La corruption des juges, qui fut un motif invoqué par Caïus Gracchus à l'appui de sa réforme, était une raison d'enlever aux sénateurs les jugements des affaires privées aussi bien que des causes publiques. Les juges sénatoriaux n'étaient pas toujours de graves personnages. Un orateur nous les montre allant à leur fonction après de joyeux festins avec des courtisanes. « Quand la dixième heure approche, ils envoient au forum un esclave pour savoir ce qu'on a fait, qui a parlé pour, qui a parlé contre, et comment les tribus ont voté. Le moment venu, ils se rendent au *Comitium*, afin de n'avoir pas à payer l'amende, et en route il n'est pas d'amphore au coin des ruelles qu'ils ne remplissent (1); ils arrivent au tribunal de fort mauvaise humeur. « Allons, disent-ils, qu'on plaide! » Ils font appeler les témoins et, en attendant, retournent aux amphores (2); puis, demandent les pièces du procès,

---

(1) Martial, XII, 48. — Le contenu était utilisé par les foulons pour le blanchissement des toges. (Pline, *Hist. nat.*, XXXV, 17.)

(2) *Quippe qui vesicam plenam vini habent.* Discours du chevalier romain Titius à l'appui de la loi somptuaire de Fannius, en 161, dans Macrobe, *Saturnales*, II, 9, 12.

et, appesantis par le vin, peuvent à peine lever les paupières. Enfin, ils votent en s'écriant : « Qu'avons-nous à faire de toutes ces sottises ? Allons boire un bon vin de Grèce miellé et manger une grive grasse avec un loup de mer pris entre les deux ponts (1). » Et, plus loin, Macrobe nous dit encore : « Si qui-» dem eo res redierat ut gula illecti plerique inge-» nui pueri pudicitiam et libertatem suam vendita-» rent : plerique ex plebe romana vino madidi in » comitium venirent et ebrii de reipublicæ salu-» tes consulerent (2). » De ce qui précède, on peut conclure aisément qu'une réforme qui eût laissé à des gens de mœurs pareilles les *judicia privata*, eut été incomplète, et il est raisonnable de croire que Caïus Gracchus ne fit pas les choses seulement à demi et ne laissa pas aux sénateurs, ses ennemis, une prérogative qui était encore bien considérable.

Il est certain, en effet, que les procès politiques jouèrent le plus grand rôle dans la lutte qui se poursuivit depuis Caïus Gracchus autour de la judicature ; mais, quoique au second plan, les procès privés n'en avaient pas moins une très grande importance. Les chevaliers, brasseurs d'affaires, étaient exposés à venir souvent devant le juge, en particulier pour des procès provenant de la ferme des impôts, ferme dont ils avaient le monopole ; il est vraisemblable qu'ils ne voulurent pas laisser aux

(1) Duruy, *Histoire des Romains*, t. II, p. 418.
(2) Macrobe, *Saturnales*, t. II, 13.

sénateurs des fonctions qui avaient pour eux une telle importance.

A raison du nombre considérable des affaires, nombre qui allait en augmentant, trois cents sénateurs ne suffisaient pas à juger tous les procès civils. En donnant la qualité de juge aux chevaliers romains, c'est-à-dire à tous les citoyens de la première classe, Caïus Gracchus permit l'expédition plus rapide de la besogne judiciaire.

A ces arguments de raison en faveur du système que nous étudions, viennent s'en ajouter d'autres, appuyés sur les textes les plus probants, sur les faits les plus évidents.

Lorsque les chevaliers, investis des jugements par Caïus Gracchus, perdirent leurs prérogatives en matière politique, ils conservèrent l'aptitude à être choisis comme juges des causes privées. Cette faculté leur avait donc été accordée antérieurement.

Sylla, qui fut leur plus grand ennemi, les avait exclus des huit tribunaux des enquêtes perpétuelles où se jugeaient les causes publiques ; cette exclusion dura dix ans, de l'année 80 à l'année 70 av. J.-C. Or, Cicéron, dans un plaidoyer prononcé en 76 pour Q. Roscius, le comédien, s'exprime ainsi : « Nega » nunc, equite romano, homini honesto, *judici* » *tuo* credi oportere (1), » se référant ainsi à la

(1) Cicéron, *Pro Roscio,* 13, 14.

parole d'un chevalier romain, juge dans une affaire civile. Dans l'affaire plaidée par Cicéron, il est question d'amener à exécution une convention faite en 79 av. J.-C., où Fannius avait promis de verser à Roscius la moitié de la somme qu'il pourrait se faire payer par Flavius, leur débiteur commun. Fannius avait fait condamner Flavius par le juge au témoignage duquel Cicéron en appelle, Cluvius, qui était chevalier romain. Or, la convention pour l'exécution de laquelle Cicéron plaide, étant intervenue en 79, c'est-à-dire un an après que les chevaliers eurent été privés des *judicia publica*, et la plaidoirie ayant eu lieu en 76, c'est-à-dire six ans avant qu'ils leur fussent rendus, le jugement de Cluvius se place dans une période où les *judicia publica* étaient redevenus le monopole du Sénat; c'est donc que les chevaliers avaient conservé les *judicia privata* qui leur avaient été attribués par les lois antérieures.

Dans la même période, C. Aurélius Cotta fit voter une loi qui concernait seulement les jugements des causes privées. Ce fait prouve que le législateur considérait alors la judicature civile comme séparée de la judicature politique; cette loi fut abrogée sous le consulat de M. Cotta.

Une loi judiciaire de Lucius Cotta, préteur, 70 ans av. J.-C., partageait la judicature politique et civile entre les sénateurs, les chevaliers et les tribuns *ærarii*. César, en 46, enleva à ces derniers les affaires publiques, et sans qu'il soit fait mention

nulle part d'une restitution de leur droit, on les
retrouve sous Auguste comme formant une des trois
décuries judiciaires auxquelles celui-ci ajoute les
ducenarii (1). C'est donc qu'en perdant les jugements publics, ils étaient restés en possession des
jugements privés.

Ainsi, on peut dire que les classes qui arrivèrent
à la judicature politique non seulement acquirent en
même temps la capacité de juger les causes privées,
mais encore qu'elles gardèrent cette dernière capacité lorsqu'une révolution les exclut des tribunaux
où se jugeaient les causes publiques.

Enfin, si nous relevons les textes qui parlent des
lois judiciaires, ou des juges, ou des jugements, nous
voyons qu'ils se servent d'expressions générales sans
préciser.

C'est ainsi que Cicéron, dans un de ses discours
contre Verrès, nous dit, en parlant de l'époque
antérieure aux lois de Sylla : « *Antea quum equester ordo judicaret, improbi et...* (2) », et dans
un autre de ses plaidoyers, on trouve le passage
suivant : « *Quapropter in omnibus legibus, quibus exceptum est, de quibus causis aut magis-
tratum capere non liceat aut judicem legi, aut
alterum accusare...* (3) » ; dans ces deux passages
comme dans bien d'autres, le grand orateur se sert
d'expressions générales qui excluent toute division

(1) Suétone, *Octave-Auguste*, 32.
(2) Cicéron, *In Verrem*, III, 94.
(3) Cicéron, *Pro Cluentio*, 43.

entre les *judicia publica* et les *judicia privata.*

On peut relever les mêmes indications dans les écrits d'autres auteurs renommés pour leur impartialité et leur exactitude, et auxquels on ne peut pas, comme on l'a si souvent fait à Cicéron, reprocher de dénaturer la vérité pour le besoin de leur cause. C'est ainsi que nous trouvons chez Tacite le passage suivant, où il parle des lois judiciaires : « *Quum Semproniis rogationibus equester ordo in possessione judiciorum locaretur, aut rursum Serviliæ leges senatui judicia redderent* (1). » Et autre part, le même auteur emploie les mêmes expressions dans le même sens large : « *Post lege Sullæ vigenti creati supplendo senatui cui judicia tradiderat. Et quanquam equites judicia recuperavissent* . . . . (2). »

Pline nous fournit également des exemples : « *Judicum autem appellatione separari eum ordinem primi omnium instituere Gracchi* » et plus loin : « *divo Augusto decurias ordinante, major pars judicum in ferreo annulo fuit; iique non equites sed judices vocabantur* (3). »

Velleius Paterculus raconte que Livius Drusus, déplorant la chute du Sénat et voulant lui rendre son ancienne splendeur, • *Judicia ab equitibus ad eum transferre (cuperet),* et Florus s'écrie,

(1) Tacite, *Annales*, XII, 60.
(2) Tacite, *Annales*, XI, 22.
(3) Pline, *Hist. Nat.*, XXXIII, 7.

après avoir constaté que l'excès de la prospérité amena la chute de la République : « *Unde regnaret judiciariis legibus divulsus a senatu eques, nisi ex avaritia, ut vectigalia reipublicæ atque ipsa judicia in quæstu haberentur ?* » (1).

Varron, V° *Bicipitem* : « *Gracchus senatus iniquus equestri ordini judicia tradidit* ». Nous arrêterons là des citations qu'on pourrait multiplier à l'infini ; cependant, nous invoquerons encore à l'appui de ce système deux inscriptions. La première relative à la loi de Servilius Cœpio, est ainsi conçue :

Q. SERVIL. CN. F

CŒPIONI COS. CENS. TRIUM.

PH. PATRIÆ

LIB. DECUR.

VERONEM

OB JUDICIA RESTITUTA..... (2)

La seconde nous montre un certain Virgilius

JUDICI. DE IIII. DECURIIS. EQUITI

SELECTORUM. PUBLICIS PRIVATISQ. (3).

Ainsi, soit qu'il s'agisse de flétrir la corruption des juges (*judicia turpiter administrari*), soit qu'il s'agisse du fait de choisir les juges (*judicem*

---

(1) Velleius-Paterculus, II, 16 ; Florus, III, 13.

(2) Orelli insc. ampl. colla, n° 585.

(3) Orelli corpus i nscriptionum, 7567.

legi) ou de la qualification de ce fait (*quare judicem legi non liceat*) ou des juges tout simplement (*judices selecti*), soit enfin qu'il s'agisse de
l'objet des lois judiciaires : « *ad res judicandas
alium ordinem postulari* », il n'est pas mention
de deux catégories de juges, ni d'une distinction
entre les *judicia publica* et les *judicia privata* ;
bien plus, la dernière des inscriptions que nous
avons citée les réunit sur une même personne. Le
mot *judicia*, dont on se sert exclusivement, a un
sens précis qui englobe à la fois les affaires privées
et les affaires publiques.

Ce système, qui est celui que nous adoptons, repose sur les bases les plus sérieuses ; il nous reste
cependant à réfuter les arguments de nos adversaires.

Le texte de Suétone, dans lequel on croit voir la
première apparition des chevaliers comme juges
civils, prouve seulement qu'à cette époque le nombre des affaires privées de minime importance,
s'étant accru dans des proportions considérables,
Auguste dut organiser une division particulière pour
les trancher, mais il n'indique en rien que les juges
pour les *judicia privata* n'étaient pas déjà pris
parmi les chevaliers.

On se débarrasse plus facilement encore du texte
d'Aulu-Gelle, « *lectus sum ut judicia privata susciperem* », en considérant que celui-ci rapporte un
fait qu'il a lui-même constaté. Or, à son époque

(deuxième siècle après J.-C), tous les *judicia publica* étaient passés de la juridiction ordinaire au Sénat, ou au *præfectus urbi*. Il ne restait plus aux *judices* que les *judicia privata*.

Quant au sénateur juge civil dont nous parle Cicéron, il suffit de rappeler que le *judex* n'était choisi sur *l'album judicum*, qu'au cas où les parties étaient en désaccord ; elles pouvaient prendre un citoyen quelconque, pourvu qu'il ne fût pas incapable ; le sénateur en question avait sans doute été choisi du commun accord des parties (1).

Quant à la distinction faite par la loi Julia, il suffit de faire remarquer que les expressions *judicia privata*, *judicia publica* font allusion simplement à la différence de la procédure civile et criminelle. Elles n'impliquent, en aucune façon, l'existence de deux catégories de juges.

Nous avons vu dans quelles circonstances les lois judiciaires sont intervenues, et quelle est leur importance ; après avoir déterminé d'une façon aussi exacte que possible quelle était leur portée, il nous reste à nous demander ce qu'on peut en penser ; ce sera le sujet de notre dernier chapitre.

(1) Zimmern, *Procédure privée*, § 9, dernier alinéa, *in fine*. — Voir une autre explication dans Bouché-Leclercq, p. 418, note 8.

CHAPITRE V

Appréciation des lois judiciaires.

Les lois judiciaires, nous l'avons vu, ont pour objet d'attribuer successivement aux chevaliers et aux sénateurs les fonctions de juges ; elles marquent les diverses phases de la lutte que ces deux ordres puissants ont soutenue autour de cette importante prérogative. Mais elles sont bien loin d'avoir toutes la même importance ; celle qui, sans contredit, offre un intérêt capital, c'est la première, c'est la loi judiciaire de Caïus Gracchus, qui, en enlevant les jugements aux sénateurs ouvrit le débat aigu qui troubla toute la fin de la République. Les autres lois ont pour effet d'en restreindre ou d'en modifier l'application et l'étendue au profit des sénateurs ou des chevaliers, selon que l'un ou l'autre de ces ordres a su prendre la prédominance ; mais ce ne sont, en quelque sorte, que des lois de circonstance et de détail. C'est donc surtout la réforme de Caïus

Gracchus qui doit attirer notre attention ; que faut-il en penser ?

On n'a vu quelquefois, dans sa réforme judiciaire, ou plus exactement dans l'ensemble de ses réformes, qu'un brandon de discorde, un moyen employé par un ambitieux sans scrupules. Appien lui fait dire qu'en transportant la judicature des sénateurs aux chevaliers, il avait préparé la destruction en masse du Sénat (1), d'après Cicéron il aurait tenu, à ce propos un langage encore plus cruel : « J'ai jeté sur le forum des épées et des poignards avec lesquels les Romains s'escrimeront entre eux (2). »

Il ne faut pas oublier que la loi judiciaire faisait partie d'un vaste système de compensations accordées à tous ceux qui auraient pu se mettre avec le Sénat pour résister au mouvement populaire que dirigeait le tribun. Caïus Gracchus n'ignorait pas que si son frère Tibérius avait succombé, c'est que sa loi agraire n'intéressant guère que les paysans romains, laissait indifférente la plèbe de la ville et blessait les intérêts du Sénat, de l'ordre équestre et des Italiens. Pour isoler le Sénat, il promit à la populace de Rome des distributions de blé, aux Italiens la concession de la cité, et enfin aux chevaliers il attribua le droit de juger. Bossuet juge sévèrement cette politique : « Les prétendants ambitieux » ne songeaient qu'à flatter le peuple et la concorde

(1) Appien, de Bell. civ., I, 22.
(2) Cicéron, de legibus, III, 9.

» des ordres, entretenue par l'occupation des guer-
» res puniques, se troubla plus que jamais. Les
» Gracques mirent tout en confusion, et leurs sédi-
» tieuses propositions furent le commencement de
» toutes les guerres civiles... César, qui veut du
» moins être son égal (*égal de Pompée*), se tourne
» du côté du peuple, et, imitant dans son consulat
» les tribuns les plus séditieux, il propose, avec des
» partages de terre, les lois les plus populaires qu'il
» peut inventer (1). » Cette appréciation a le tort de
juger, avec des idées modernes, des propositions qui
se produisaient dans une civilisation toute différente.

Nous n'avons pas à justifier ici les lois agraires et
frumentaires, ni la proposition de concéder le droit
de cité aux Italiens (2); quant à la loi judiciaire, elle
répondait à un besoin de la société romaine, elle
correspondait à un mal dont souffrait la République
et qu'il n'est pas difficile de faire apparaître; la

---

(1) Discours sur l'Histoire Universelle, 3ᵉ partie.

(2) Ces lois ont soulevé des critiques nombreuses ; pour nous,
elles s'expliquent et se justifient par l'idée qu'on se faisait dans l'an-
tiquité, et à Rome en particulier, des droits de la victoire. Le vaincu
devait une portion de son revenu, qu'il donnait par l'impôt, et une
portion de ces terres qui était incorporée à *l'ager publicus*. De ces
impôts et de ces terres, une partie était réservée aux besoins de
l'État ; c'est l'autre partie que réclamait le peuple. Il voulait avoir
une part sur ces biens acquis en commun sur le champ de bataille
et dont les riches prétendaient avoir seuls la jouissance. Dans cet
ordre d'idées, ces lois étaient aussi justes alors qu'elles seraient
iniques dans nos sociétés modernes. Quant au droit de cité, promis
aux Italiens, il apparaissait comme la récompense de leurs services
dans les armées.

concentration entre les mêmes mains, de l'administration et du contrôle des affaires publiques (1).

Selon l'expression de M. Laboulaye, « le Sénat était à la fois le conseil et le grand pouvoir administratif de la République (2). » Il avait dans sa dépendance à la fois Rome et les provinces, par la religion, l'administration des finances et l'administration des provinces qui faisaient partie de ses attributions.

Par la religion, il avait le pouvoir de s'opposer aux décisions des tribuns ; à la faveur des auspices, il pouvait facilement entraîner la nullité ou la suppression des actes populaires les plus importants, en invoquant quelque irrégularité qu'il lui était facile de supposer (3).

(1) Sur ce point voyez Laboulaye, *op. cit.*, p. 225, et s.; Belot, *op. cit.*, t. II, p. 197 et s.; Deloume, *op. cit.*, 275 et s.

(2) Laboulaye, *op. cit.*, p. 54.

(3) L'importance de cette prérogative est bien mise en lumière par ce passage de Cicéron : « Mais le droit le plus important, le » plus grave dans la République, c'est le droit d'augure ; nul ne » donne plus d'autorité... Sous le rapport du droit, quelle plus » haute prérogative que de pouvoir, malgré l'autorité des ordres et » des magistratures qui les ont convoqués, dissoudre ou annuler » les assemblées et les comices! Quoi de plus souverain que » d'arrêter les plus grandes résolutions par ce seul mot : « à un » autre jour? » de plus magnifique que de pouvoir enjoindre aux » conseils d'abdiquer? de plus auguste que le privilège d'accorder » ou de refuser la permission de traiter soit avec la nation, soit » avec le peuple; et si une loi n'a pas été régulièrement proposée, » de la faire abolir? Ainsi, la loi *Titia* fut abrogée par un décret du » collège des pontifes, les lois *Livia*, sur l'avis de Philippus, » augure et consul ; de telle sorte qu'au dedans, au dehors, tout » ce que font les magistrats doit recevoir le sceau de leur approba- » tion. » (Cicéron, *de legibus*, II, 12, traduc. Charpentier).

Par les finances, dont il eut la gestion pendant toute la durée de la République, le Sénat eut à sa disposition les impôts, les fermages des revenus publics.

En apparence, c'étaient les censeurs ou les questeurs qui dressaient le budget de l'État, qui traitaient toutes les opérations financières, mais, au fond, tous leurs actes étaient subordonnés à l'autorisation et au contrôle du Sénat, qui en surveillait en outre l'exécution; le Sénat avait donc tout le pouvoir effectif. Et si l'on s'étonne que le peuple se désintéressât de l'impôt, au point de n'y prétendre à aucun contrôle, il suffit de rappeler qu'il ne pesait que sur les provinces.

Enfin, par l'administration extérieure, le Sénat disposait des provinces, des armées, des généraux; il recevait et envoyait les ambassades, statuant sur le sort des peuples vaincus; il jugeait tous les crimes commis hors de Rome contre l'État, et connaissait des malversations commises par les gouverneurs dans la gestion des provinces.

Avec des pouvoirs aussi étendus, le Sénat était irresponsable; si c'était lui qui ordonnait, ce n'était pas lui qui agissait; les magistrats exécutaient les ordres, mais sous leur propre responsabilité. Il y avait là, il faut le reconnaître, un frein à la toute puissance des sénateurs, car le magistrat pouvait refuser son concours, et alors le Sénat ne pouvait plus agir. Son autorité trouvait donc un premier contre-poids dans la puissance du magistrat; elle en trouvait un second dans la puissance du peuple qui avait conservé les plus importantes attributions de la souveraineté : plébiscites obligatoires pour le Sénat, élections des tribuns, etc.

En fait, comme nous l'avons dit, les magistrats étaient entre les mains du Sénat. Une bonne politique, un bon système constitutionnel aurait voulu que ce fut à un autre corps que fut confié le contrôle des magistrats. Or, il n'en était rien. Encore ici le Sénat avait la haute main, tirant ses pouvoirs de ses attributions administratives ou financières. Pour l'Italie et les provinces, son droit de contrôle est absolu. C'était lui qui connaissait des crimes contre la souveraineté de Rome ; c'était lui qui avait compétence pour trancher les difficultés entre les provinciaux et les magistrats romains. Dans toutes les hypothèses, soit qu'il statue lui-même, soit qu'il charge un commissaire ou un dictateur *quæstionibus exercendis*, soit qu'il délègue un consul, c'est le Sénat seul qui contrôle et qui juge.

A Rome même, en principe, c'est le peuple qui est compétent pour toutes les accusations portées contre les magistrats, comme pour tous les délits en général ; il les juge dans ses comices par curies sur la convocation des tribuns. Ici encore le Sénat a une grande influence ; par ses conseils qui étaient presque des ordres, il dirigeait les magistrats ou bien se faisait renvoyer les jugements par les comices ; dans ce dernier cas, il jugeait soit en corps, soit par commission. Au deuxième siècle les

commissions, *quæstiones perpetuæ*, étant devenues
de plus en plus nombreuses, les comices se trouvèrent ainsi remplacés par le Sénat, dont les membres seuls pouvaient être pris comme juges.

Il faut remarquer en outre que si, en droit, le tribun était le défenseur du peuple, et à ce titre devait pondérer et contrebalancer l'influence du Sénat, en fait, il en était tout autrement. Les aînés
des grandes maisons remplissaient le Sénat, les
plus jeunes, le collège des tribuns, de sorte que le
même intérêt animait les uns et les autres. Ceux
qui auraient dû donner l'impulsion au peuple et le
défendre contre les empiètements de la noblesse,
étaient eux-mêmes des nobles, animés d'un esprit
de corps qui les empêchait d'exercer leur charge
avec toute l'indépendance qu'il aurait fallu.

En résumé, la situation était la suivante : c'était
parmi les sénateurs qu'étaient pris les magistrats,
c'étaient les sénateurs qui les contrôlaient. Le résultat fatal et qui ne manquait pas de se produire
devait être l'absence de tout contrôle effectif. Suivant la remarque si exacte de M. Laboulaye, « cha-
» que sénateur, par son indulgence pour un collè-
» gue, se ménageait l'impunité pour le passé, la
» connivence pour l'avenir » (1).

Frappé de ces dangers, qui pendant fort longtemps
n'apparurent pas au peuple, Caïus Gracchus voulut
y porter remède, en enlevant au Sénat le droit de

(1) Laboulaye, *op. cit.*, p. 118.

former le jury dans les *quæstiones perpetuæ*, et par suite de juger les magistrats. En donnant aux citoyens de la première classe des attributions spéciales, en les créant corps judiciaire, il espérait créér dans l'Etat un grand corps intermédiaire qui eût fait les affaires du peuple en contenant le Sénat. Ainsi comprise, la loi judiciaire était digne de figurer à côté des autres réformes préconisées par le tribun populaire. La pensée était bonne, en son principe, et Florus le constate dans le passage suivant : « Quoi de plus propre à établir l'égalité » que de balancer l'autorité acquise aux sénateurs, » par le gouvernement des provinces, en déférant » à l'ordre équestre l'éclatante pérogative du jugement sans appel » (1). Malheureusement, l'application de cette réforme fut désastreuse pour la République. Le contrôle des chevaliers fut plus illusoire encore que celui du Sénat.

Qu'étaient, en effet, les nouveaux juges (2)?

Dans la très ancienne Rome, les chevaliers nous apparaissent comme une institution militaire : les *equites* sont un corps de cavalerie ; ils sont pris parmi ceux des patriciens qui payaient le cens le plus considérable (3). Plus tard, à la suite d'une défaite éprouvée devant Veies, les citoyens qui

---

(1) Florus, III, 13.

(2) Sur ce point, voyez Laboulaye, *op. cit.*, pp. 210 et ss.; Belot, *op. cit. passim;* Deloume, *op. cit. passim.*

(3) Madvig, *opusc. acad.*, t. 1, pp. 72 et ss.

possédaient le cens équestre, vinrent offrir au Sénat de faire le service de la cavalerie avec leurs propres montures ; le Sénat accepta, et dès lors tous les citoyens de la première classe devinrent chevaliers, *equo privato*. Cette classe se composait, en très grande partie, de la noblesse des petites villes, des tribus de la campagne que la jalousie des patriciens tenait soigneusement à l'écart.

Dans les premiers temps, les *equites equo privato* ne formaient pas une classe privilégiée ; mais après la conquête de la Sicile, de l'Espagne, de la Grèce et de l'Asie, les riches commencent à se faire connaître sous le nom de *publicani*, et, au temps des Gracques, nous constatons que les expressions Chevaliers et Publicains sont synonymes. Grace à leurs richesses et au système financier usité à Rome, les chevaliers étaient devenus les maîtres des impôts directs et indirects. La loi excluant de la ferme des impôts les magistrats et les sénateurs, d'autre part, cette opération exigeant des avances considérables, ils en avaient en quelque sorte le monopole, ils étaient les seuls à pouvoir se présenter aux enchères.

Réunis en grandes sociétés financières, ils faisaient la loi à Rome et dans les provinces ; à Rome, où était leur siège social, on les ménageait parce qu'ils étaient les seuls à qui on pût s'adresser pour trouver de l'argent dans un moment critique ; dans les provinces, leurs délégués (*promagistri*) étaient en continuels rapports avec les magistrats et les gouverneurs qui, recueillant et faisant passer à

Rome, par l'intermédiaire de ces fermiers-banquiers,
le fruit de leurs rapines, se constituaient ainsi leurs
complices. Et si, par hasard, il se trouvait un magistrat honnête, il était facile aux Publicains, grâce
à leurs attributions financières, de le tracasser et,
au besoin, d'acheter à Rome des accusateurs et des
juges pour le mettre à la raison (1). Ils avaient toute
latitude pour se livrer aux exactions les plus considérables, l'impunité leur étant à peu près assurée ;
en leur confiant les jugements, on mettait le comble
à leur puissance.

On se rend facilement compte du résultat inévi-
table de la réforme qui attribuait à ces publicains
les fonctions de *judices*. Cicéron (2) a prétendu que
pendant cinquante ans ils jugèrent avec intégrité :
mais Appien, et tout ce que nous savons des chevaliers, démentent cette assertion qui n'était sans
doute, dans la bouche de l'illustre orateur, qu'un
argument d'audience. Montesquieu blâme cette innovation des Gracques avec une sévérité qui rappelle
l'antipathie de la robe pour la finance, mais qui
n'exclut pas une très grande justesse : « Les che-
» valiers, dit-il dans quelques phrases devenues cé-
» lèbres, les chevaliers étaient les traitants de la
» République, ils étaient avides, ils semaient les
» malheurs dans les malheurs et faisaient naître les

_____

(1) Plutarque rapporte l'exemple de Lucullus, gouverneur d'Asie,
qui, adversaire des Publicains, faillit perdre son gouvernement.
(2) *In Verrem*, I, 13.

» besoins publics des besoins publics. Bien loin de
» donner à de pareilles gens la puissance de juger,
» il aurait fallu qu'ils eussent été, eux, sous les
» yeux des juges. Il faut dire cela à la louange des
» anciennes lois françaises, elles ont stipulé avec les
» gens d'affaires, avec la méfiance que l'on garde à
» ses ennemis. Lorsqu'à Rome les jugements furent
» transportés aux traitants, il n'y eut plus de vertu,
» plus de police, plus de lois, plus de magistrature,
» plus de magistrats. » Et il ajoute plus loin : « Une
» profession qui n'a et ne peut avoir d'objet que le
» gain; une profession qui demandait toujours et à
» qui on ne demandait rien, une profession sourde
» et inexorable qui appauvrissait les riches et la
» misère même, ne devait pas avoir à Rome les ju-
» gements (1). »

Il est certain que la réforme de Caïus Gracchus
n'eut pas les résultats qu'il en attendait; mais il
serait injuste de l'en rendre responsable et de mé-
connaître ses intentions. Il avait affirmé cette idée
que la justice ne devait pas être dans les mains de
ceux qu'elle était chargée de maintenir dans le devoir; mais il n'avait pas compris que, pour être
impartiale, elle doit être confiée non à une classe de
citoyens, mais aux plus intègres de tous les citoyens;
et, croyant améliorer la justice, il n'était arrivé qu'à
jeter dans la lutte une classe nouvelle ; voulant pa-

(1) Montesquieu, Es, d des Lois, XI. 118.

cifier, il avait introduit un nouvel élément de discorde. Malgré ces critiques, il faut reconnaitre que cette réforme ne fut pas sans résultat, et on peut dire avec M. Duruy :

« Malgré le jugement sévère de Montesquieu, qui
» écrivait dans cet esprit parlementaire et si hostile
» aux *traitants*, malgré les faits trop avérés de sen-
» tences iniques rendues par les nouveaux juges,
» on peut applaudir à cette tentative de Caïus pour
» créer ce que Napoléon appelait un grand corps
» intermédiaire. Sans elle, peut-être, la République
» fût tombée plus vite, car ce fut avec l'ordre
» équestre que Cicéron combattit Catilina. Il est
» vrai qu'il eût mieux valu, pour le monde, que
» cette agonie de la liberté durât moins long-
» temps (1). »

(1) *Histoire des Romains*, II, p. 422.

DROIT FRANÇAIS

DU DROIT D'OPTION

ACCORDÉ A LA FEMME A LA DISSOLUTION D'UNE COMMUNAUTÉ
ET A L'HÉRITIER A L'OUVERTURE D'UNE SUCCESSION.

L'ouverture d'une succession et la dissolution
d'une communauté ont cela de commun qu'elles
donnent lieu, relativement aux biens de la communauté ou de la succession, à un droit d'option au
profit de certaines personnes.

Quoique traités séparément dans deux parties
distinctes du Code, le droit d'option accordé à la
femme, quant à sa part sur la communauté, et le
droit d'option accordé à l'héritier quant à l'hérédité qui lui est déférée, présentent de très grandes
analogies ; ils sont souvent régis par les mêmes
règles. C'est un rapprochement rapide de ces
deux parties de notre Code que nous nous propo-
sons de faire dans cette étude.

INTRODUCTION

Lorsque l'ayant-droit sera appelé à exercer son droit d'option, il aura le choix entre trois partis : accepter purement et simplement, accepter sous bénéfice d'inventaire — d'émolument, renoncer.

L'héritier, continuateur de la personne du défunt, est propriétaire de l'hérédité dès l'ouverture de la succession (art. 711), et il est tenu d'en acquitter toutes les charges (art. 724). Mais si la loi le met dans cette situation, elle ne la lui impose pas ; elle lui offre le moyen soit de la modifier, *en acceptant sous bénéfice d'inventaire*, soit même de s'en dégager complètement *en renonçant*.

De même, la femme, associée de son mari, a, à ce titre, un droit de propriété sur les biens de la communauté, et à la dissolution de la communauté, elle est tenue, conformément au droit commun, à payer sa part dans le passif de la société. Ici encore, la loi lui offre le moyen soit de modifier cette situation naturelle, en usant du *bénéfice d'émolument*, soit de se rendre étrangère à la société en *renonçant* à ses droits.

Nous nous trouvons donc en présence de personnes qui, ayant des droits et des obligations, peuvent, en abandonnant leurs droits, se dégager de leurs obligations par un acte de pure volonté, résultat, au premier abord, bizarre et antijuridique. Aussi cette faculté n'a-t-elle pas toujours été admise ; elle est résultée d'une évolution qui s'est produite sous l'influence de cette idée d'équité, qu'il n'est pas juste que celui qui n'a pas contracté les dettes soit forcé de les payer. On a beau considérer l'héritier comme *ayant eu un droit de propriété* dans les biens de son auteur, comme étant *continuateur de sa personne*, et c'est certainement ces raisons éloignées qui ont fait introduire dans nos codes l'obligation pour lui de payer les dettes *ultra vires*, il n'en est pas moins vrai qu'il n'a pas contracté les dettes lui-même. De même, la femme associée n'est associée que de nom ; elle n'a dans la société aucun droit ; elle ne peut pas empêcher le mari, administrateur omnipotent, d'accroître indéfiniment le passif ; il est juste qu'elle puisse s'en dégager.

Si on se reporte dans les sociétés primitives, on voit que la propriété collective est la règle (1). L'État fait à ses membres une distribution des terres, à la suite de laquelle la famille seule, non l'individu, avait un patrimoine dont le *pater* était

(1) Marseille. — *De la continuation de la personne*. (Thèse de doctorat).

une sorte d'administrateur : c'est un *gérant* qu'il y aura lieu de remplacer à sa mort. Les héritiers, co-propriétaires du patrimoine familial, continuaient ainsi la personne du défunt et étaient soumis à toutes les obligations que celui-ci avait pu consentir. Plus tard, quand la propriété a pris le caractère d'individualité, les conséquences de ce principe persistent, et on en trouve encore les traces dans le Code civil.

Les législations anciennes, qui ont donné naissance à notre droit actuel, n'ont pas échappé à ces règles.

A Rome, avec la loi des douze Tables, nous voyons les héritiers siens et nécessaires, — c'est-à-dire les descendants qui se trouvaient, réellement ou par fiction, sous la puissance immédiate du *de cujus* — nous les voyons saisis *ipso jure* de la succession, indépendamment de tout acte de volonté de leur part, ou de toute autorisation ; c'est que leur droit continue et représente la copropriété qu'on leur reconnaît, dès l'origine, sur les biens du père vivant, sur les biens de la famille. Ce principe avait, sans doute, d'heureuses conséquences, mais il pouvait en avoir de désastreuses ; si l'hérédité était insolvable, la qualité de *nécessaire*, soumettait l'héritier à l'infamie qui résultait de la *bonorum venditio*, en même temps qu'à l'obligation de payer les dettes de la succession *ultra vires successionis*. Cette solution, vraie au point de vue strictement juridique, ne tarda pas à être battue en brèche par les

principes d'équité, et le préteur fit cesser cette
injustice, en accordant aux héritiers siens le *jus
abstinendi*, le droit de renoncer à la succession,
c'est-à-dire de se dégager de son passif, de ne pas
payer les dettes qu'ils n'ont pas contractées. L'empereur Justinien alla plus loin ; il déclara que, même
ceux qui ne renoncent pas à une succession, ne
seront tenus des dettes que dans la limite de ses
forces : c'est le bénéfice d'inventaire. A ce moment,
le droit d'option, tel que le Code civil l'accorde à
l'héritier, est complet, l'évolution est terminée.

Dans les pays de coutume, il faut arriver au
seizième siècle avant de trouver définitivement admis
que l'héritier est tenu *ultra vires* des dettes de la
succession. A l'époque barbare, la transmission des
dettes présente de grosses difficultés ; il y a une
série de règles difficilement conciliables. Par suite
de l'idée de copropriété familiale, on n'admet pas
que le père de famille puisse aliéner les immeubles,
qui échappent, ainsi, à l'action des créanciers.

D'autre part, certaines dettes sont intransmis-
sibles (contrat de plégerie) et certaines autres sont
supportées par d'autres que les héritiers (paiement
du vergeld). Il est probable que pour les autres
dettes, à l'origine, les fils et les très proches parents
vivant sous le même toit, sont tenus sans autre
limitation que celle résultant de l'insaisissabilité
des immeubles (1). Plus tard, sous l'influence

(1) Edit de Rotharis, 369 ; loi de Luitprand, 19, 18.

romaine, les autres héritiers sont également tenus
des dettes; il semble, cependant, qu'ils ne peuvent
pas être personnellement condamnés, à condition
de faire abandon de biens (1).

Ces principes subissent des modifications succes-
sives jusqu'au seizième siècle; l'héritier qui prend
les meubles et acquêts supporte, d'abord, toutes les
dettes; mais comme ces meubles étaient de peu de
valeur et que, d'ailleurs, l'idée de copropriété familiale allait en s'affaiblissant, on chercha un moyen
pour engager les immeubles. Beaumanoir (2) en
signale un qui était fréquemment employé : le débiteur prenait un engagement sur ses immeubles,
engagement par lequel il s'obligeait, lui et ses
héritiers.

Mais il y a encore des hésitations, quant à l'étendue
des obligations de l'héritier. Le grand Coutumier de
Normandie (3) décide qu'il ne sera tenu qu'*intra
vires*. Desmares (4) au dix-neuvième siècle donne
la même règle pour les délits. Au contraire, Beaumanoir (5) affirme que l'héritier est tenu, sur ses
propres biens, *ultra vires successionis;* et c'est

---

(1) Loi des Burgundes, titre 65, 1 et 2; *lex antiqua Wisigo-
thorum*, livre 7, titre 2, loi 9; loi des Ripuaires, titre 70.

(2) Beaumanoir, *Coutume de Beauvoisis*, XXXV, 20, LXX, 12,
XXXIV, 9.

(3) Ch. 38.

(4) Desmares, 117.

(5) Beaumanoir, XV, 45 et 7, 8; Conseil de Pierre de Fontaines,
15, 84.

son opinion qui l'emporta définitivement sous l'influence, sans doute, des idées de Droit romain.

Mais en même temps que s'établissait cette obligation indéfinie, s'introduisait également pour en pallier les effets, la régle : « Il n'est héritier qui ne veut ; » il n'y a pas d'héritier nécessaire. Pour être héritier, il faut ne pas renoncer ; la renonciation ne se présume pas ; elle doit résulter d'un acte formel qui sera ou une déclaration en justice ou une déclaration au greffe, ou même devant notaire (1).

L'acceptation devait être pure et simple ; l'acceptation bénéficiaire qui était de droit dans les pays de droit écrit, dès qu'il y avait inventaire, se heurtait dans les pays de coutume, à l'idée encore vivace de la copropriété de famille ; aussi ne l'admit-on que difficilement et à titre exceptionnel, par une concession spéciale et formelle du roi ; et encore l'héritier bénéficiaire pouvait-il être exclu par un autre successible, même d'un degré plus éloigné, qui acceptait purement et simplement. Mais cette institution était d'une justice si évidente que ces déchéances et ces entraves furent bientôt battues en brèche par les jurisconsultes et la jurisprudence, et elle prit peu à peu une plus grande importance. Cependant, jusqu'à la fin de l'ancien régime, on continua d'exiger des lettres royaux, et l'héritier pur et simple continua, en ligne collatérale, à exclure l'héritier bénéficiaire.

(1) Loisel, *Institutes coutumières*, II, V, 2 ; Grand coutumier, 2, 40.

En matière de communauté, la même évolution s'est produite au profit de la femme, sous l'influence des mêmes idées de protection pour celui qui ne s'est pas engagé. A l'origine, elle est une associée ordinaire ; elle ne peut pas renoncer à la communauté. Peu à peu, *par compensation aux pouvoirs exorbitants du mari, et afin que celui-ci ne porte pas atteinte à ses propres*, on accorde à la femme le droit de renoncer à la communauté. Cette faveur, timidement admise au début, au profit des femmes des gentilhommes croisés (1), puis de toutes les femmes nobles seulement, fut ensuite étendue aux roturières, grâce à Dumoulin et au Châtelet de Paris ; par la coutume de Paris de 1580 (2), elle fut également accordée à leurs héritiers (3).

Une autre manifestation de l'idée de protection des femmes apparaît dans le bénéfice d'émolument. Toujours sous l'influence de Dumoulin et de la jurisprudence, la femme obtient le droit de n'être tenue des dettes de la communauté que « jusqu'à concurrence de ce qu'elle en a amendé. » C'est la conséquence de cette double idée : compensation des pouvoirs excessifs du mari, et *non licet marito onerare propria uxoris*. A l'origine, la femme roturière a seule ce bénéfice ; c'est l'équivalent de la faculté de renoncer ; il lui faut des lettres d'inventaire ; bientôt

(1) Beaumanoir, XIII, n° 9.
(2) Art. 237.
(3) Coutume d'Orléans (1583), art. 204.

le privilège est conféré à toute femme et de plein droit (1).

Primitivement, les deux privilèges, renonciation, bénéfice d'émolument ne sont pas d'ordre public, la femme peut y renoncer par contrat de mariage (2). Dans la suite, cela ne lui est plus permis ; on la protège contre elle-même.

Le Code civil a pris le droit d'option à peu près tel qu'il le trouvait, et actuellement la position est la suivante :

Par l'acceptation, l'héritier ou la femme, déclaré, par la loi, propriétaire de l'actif de l'universalité sur laquelle il a à opter, en même temps que débiteur des dettes qui la grèvent, fixe sur sa tête cette qualité d'une façon définitive en se dépouillant du droit de renoncer.

L'héritier ou la femme prendra ce parti lorsqu'il croira que l'actif étant supérieur au passif, il ne court aucun risque d'être poursuivi sur ses biens propres ; mais si ses prévisions sont erronées, si le passif excède l'actif, il sera tenu *ultra vires,* il paiera intégralement des dettes qu'il n'a pas contractées : c'est le droit primitif dans toute sa rigueur.

L'héritier ou la femme, a-t-il des doutes sur les forces de la succession ou de la communauté? En

---

(1) Coutume de Paris (1580), 228 ; Coutume d'Orléans (1583), 187 ; Pothier, comm., 726, 733, etc.

(2) Pothier, comm., n° 551 ; Introduction à la commun., n° 9 ; introduction au titre X de la Coutume d'Orléans, art. 39.

acceptant sous bénéfice d'inventaire, il reste propriétaire des biens qui lui appartiennent, mais il n'est tenu des dettes que dans la mesure de ce qu'il recueille ; son patrimoine ne peut être entamé. — Il semblerait que ce parti étant très avantageux, doit toujours être adopté par l'ayant-droit : cependant, il est facile de voir que, comme il est soumis à des formalités étroites, coûteuses et ennuyeuses, les ayant-droit pourront avoir intérêt, si la successsion ou la communauté est évidemment bonne ou mauvaise, à accepter ou à renoncer purement et simplement. — Il ne faut pas oublier non plus que l'héritier bénéficiaire est soumis au *rapport*, ce qui peut lui causer de graves préjudices. — En fait, la femme qui n'a pas renoncé est presque toujours à même d'invoquer son bénéfice d'émolument, aussi, dans la pratique, ne fait-on pas généralement notre division tripartite de son droit d'option, division qui ne se retrouve pas non plus dans la terminologie du Code, quoique existant en réalité. Il est entendu dès maintenant que, pour la commodité de nos explications, nous appellerons *acceptante pure et simple*, la femme qui n'est pas en mesure d'invoquer le bénéfice d'émolument.

Par la *renonciation*, l'héritier ou la femme se rendent absolument étrangers à l'actif et au passif de la succession ou de la communauté ; ils abdiquent leur droit de propriété et ne peuvent plus être poursuivis comme héritier ou femme commune dans quelque mesure que ce soit.

Il y a là, on le voit, de grandes analogies, mais il ne faut pas aller trop loin et proclamer une identité complète ; il ne faut pas oublier que si une succession est une universalité jouissant d'une personalité propre et indépendante, la communauté n'est, de l'avis général, qu'une sorte de société civile qui, dans l'état actuel de notre législation, et quelques bonnes raisons qu'on puisse avoir de désirer un changement à cet égard, ne constitue pas une personne morale, n'a pas une vie propre et indépendante : de là des différences que nous relèverons.

Nous adopterons dans cette étude les divisions suivantes :

I. A qui appartient le droit d'option, et, comme appendice : Cas où le droit d'option est supprimé.

II. Quand peut-on et doit-on exercer le droit d'option.

III. De l'exception dilatoire.

IV. Formes de l'option.

V. Effets de l'option.

VI. Caractères de l'option. — Conclusion.

CHAPITRE PREMIER

A qui appartient le droit d'option.

———

De l'exposé que nous venons de faire, se déduit immédiatement une différence entre l'ouverture d'une communauté et celle d'une succession. Lorsque un ou plusieurs héritiers sont saisis d'une succession, il leur est toujours loisible de s'en dégager par une renonciation : il n'y a jamais d'héritier nécessaire. Au contraire, en matière de communauté, le mari est nécessairement acceptant ; des deux intéressés, le femme seule peut se dégager, seule elle a le droit d'option ; le mari doit subir une situation qu'il a lui-même créée : il a géré souverainement la société conjugale et il est responsable de toutes les conséquences de cette gestion ; il paiera toutes les dettes puisqu'il les a contractées lui-même (1).

(1) Aubry et Rau, § 517, — Rodière et Pont, II, 1154,— Baudry-Lacantinerie, III, 196.

Lorsque la communauté se dissout par le prédécès de la femme, le droit d'option naît au profit de ses héritiers ; c'est ce que dit l'article 1453 : « Après la dissolution de la communauté, la femme ou ses héritiers ou ayant cause ont la faculté de l'accepter ou d'y renoncer. » Cela ne fut pas admis primitivement dans notre ancien Droit ; le droit de renoncer à la communauté paraissait si exorbitant, qu'on le considéra d'abord comme le privilège exclusif de la femme. C'est la jurisprudence qui a étendu ce bénéfice à ses héritiers dans un arrêt du 15 avril 1567. La nouvelle coutume de Paris a omis de s'expliquer quant à eux ; « mais, au témoignage de Pothier (1),
» la coutume d'Orléans, réformée trois ans après
» celle de Paris par les mêmes commissaires, s'en
» est expliquée, et doit en cela servir d'explication
» à celle de Paris ». Voici ce qu'elle porte : « Il est
» loisible à femme noble ou non noble, après le
» décès de son mari, ou à ses héritiers si elle pré-
» décède, de renoncer si bon lui semble à la com-
» munauté.... » « Les dispositions des coutumes
» de Paris et d'Orléans, ajoute Pothier, ayant été for-
» mées sur la jurisprudence qui était déjà établie
» lors de la réformation desdites coutumes, elles
» forment un droit commun et ont lieu dans les
» coutumes qui ne s'en sont pas expliquées ». Le Code civil a sanctionné définitivement les principes de Pothier.

(1) *Traité de la Communauté*, n° 550.

Si la personne à qui appartient le droit d'option est décédée sans l'avoir exercé, le droit d'option passe à tous ses successeurs universels.

Les rédacteurs du Code ont trouvé cette règle dans Pothier (1) et l'ont adoptée sans difficulté. « Lorsque celui à qui une succession est échue, dit l'article 781, est décédé sans l'avoir répudiée ou sans l'avoir acceptée expressément ou tacitement, ses héritiers peuvent l'accepter ou la répudier de son chef. » La même solution, en matière de communauté, découle de l'art. 1461 qui accorde aux héritiers de la femme décédée sans avoir pris parti, un délai pour s'éclairer eux-mêmes sur le parti à prendre : c'est donc que le droit d'option leur a été transmis. Tout le monde l'admet sans discussion (2).

Et pourtant, il est des cas où l'application de ces principes a été contestée, tant en matière de succession que de communauté, et il est curieux de voir la jurisprudence donner des solutions contraires dans des espèces absolument analogues.

L'héritier d'un individu qui est mort sans avoir pris parti sur une succession à lui échue, peut-il répudier cette succession du chef de son auteur pour l'accepter ensuite directement ?

Soit un grand-père qui meurt en laissant un fils et un petit-fils ; à son tour le fils meurt sans avoir

(1) Introduction à la comm., n° 93. — Introd. au titre des *Successions*, n°s 41 et 64.
(2) Guillouard, n° 1247.

pris parti sur la succession du grand-père ; le petit-fils, ayant accepté la succession de son père, trouve intact dans cette succession le droit d'option relatif à la succession du grand-père. Peut-il répudier cette succession du chef de son père, de façon à pouvoir l'accepter ensuite de son propre chef, héritant directement de son grand-père ?

En appliquant à notre hypothèse l'art. 781, il ne semble pas que la question puisse se poser : L'héritier a toute latitude pour refuser la succession du chef de son auteur. Et cependant cette renonciation, suivie d'acceptation, peut avoir des effets qui en ont fait contester la validité.

La succession de *secundus*, le père, sera réduite de toute la valeur du patrimoine du grand-père, ce qui aura pour conséquence de réduire sa quotité disponible, et de diminuer d'autant les droits de mutation dus au fisc. La succession du grand-père sera soumise une seule fois aux droits de mutation ; elle aurait payé deux fois si le petit-fils l'avait acceptée du chef de son père *secundus*, une première fois pour passer dans le patrimoine de *secundus*, et une deuxième fois, confondue dans ce patrimoine, lorsque le petit-fils aurait recueilli la succession de son père.

On voit tout de suite que si cette opération est très avantageuse pour celui qui la pratique , elle porte un préjudice certain au fisc, et aux donataires, atteints par l'action en réduction.

Les créanciers de *secundus* ne seront générale-

ment pas atteints; le fait de prendre parti sur une
succession dépassant les pouvoirs ordinaires d'un
administrateur, l'héritier de *secundus* ne peut pas
leur opposer le bénéfice d'inventaire, et, dès lors,
ceux-ci retrouveront le patrimoine du grand-père
dans son propre patrimoine à lui. Cependant, on
peut concevoir des cas où ils auraient intérêt à
trouver la succession du grand-père dans le patrimoine de leur débiteur *secundus*, si, par exemple,
ils veulent demander la séparation des patrimoines;
dans ce cas, la jurisprudence, faisant application
littérale de l'article 788, révoque à leur profit la
renonciation qui leur préjudicie (1); nous verrons,
dans un autre chapitre, ce qu'on peut en penser.

Les donataires et légataires ont essayé vainement
de faire tomber cette renonciation en demandant
d'être assimilés à des créanciers et, par suite, de
bénéficier de la jurisprudence que nous venons de
signaler. Mais, la Cour de cassation, revenant aux
vrais principes de l'article 1167, a toujours refusé de
les suivre dans cette voie (2). Sans doute, l'article 788
permet aux créanciers de faire annuler la renonciation de l'héritier, quand elle est faite au préjudice
de leurs droits; mais il ne parle pas des légataires.
Le silence de la loi à leur égard suffit pour leur refuser un pareil droit, d'autant plus que les légataires n'ont jamais été créanciers du défunt et qu'ils

(1) *Revue critique*, 1888, p. 715.
(2) *Ibidem*.

ne deviennent créanciers de l'héritier que par son
acceptation ; si celui-ci renonce, ils n'ont jamais eu
de droits contre lui.

Mais, disent encore les légataires, et ici le fisc
vient se joindre à eux, cette renonciation constitue
une fraude, et ils reprennent ensemble, en se pré-
valant de son autorité, un raisonnement de Dumoulin (1) : Si le petit-fils accepte de son chef la
succession de son grand-père, c'est qu'elle est
bonne ; donc, *secundus*, son père, ne l'aurait
pas répudiée, et la renonciation que fait le petit-
fils du chef de *secundus*, ne s'explique que par l'intention de frauder le fisc, — de ne pas payer les
légataires.

Pothier repoussait cette opinion : « J'avoue,
» dit-il, que le défunt, s'il eût su qu'elle lui était
» déférée, aurait probablement accepté la succes-
» sion, que, peut-être, il a eu la volonté de l'accep-
» ter ; mais je nie qu'en supposant cela, je commette
» une fraude en y renonçant *ex persona defuncti*,
» *quia nemo videtur dolo facere qui communi*
» *jure utitur ;* en renonçant à cette succession, *ex*
» *persona defuncti*, je fais ce que j'ai le droit de
» faire ; il n'est pas douteux que le défunt avait
» le droit de renoncer à cette succession, quoi-
» qu'elle lui fût avantageuse ; il est également
» certain qu'il a conservé ce droit tant qu'il n'a

(1) Dumoulin, *Cout. de Paris*, art. 33, gl. 1, n° 102.

» pas manifesté sa volonté d'accepter cette succes-
» sion, quand même il aurait eu la volonté de
» l'accepter ; car ce n'est pas la seule volonté d'ac-
» cepter la succession, mais la manifestation de cette
» volonté qui nous prive du droit d'y renoncer ; le
» défunt avait donc toujours conservé le droit d'y
» renoncer : il me l'a transmis, j'en peux user ; en
» renonçant, je n'use que de mon droit ; quand je
» le fais pour éviter de payer un double profit, je
» ne commets aucune fraude, puisque j'use de mon
» droit (1). »

La fraude ne saurait résulter uniquement de
l'exercice d'une faculté légale. Si donc les intéressés
veulent triompher dans leur demande et faire tomber cette renonciation qui leur préjudicie, ils doivent, conformément aux principes de l'action Paulienne, prouver le *consilium fraudandi* de leur
débiteur (2).

La jurisprudence a constamment jugé dans ce
sens, affirmant ce principe que le droit d'option
passe aux héritiers de celui qui est mort sans l'avoir
exercé ; et cependant, nous la voyons, en matière de
communauté, dans une espèce absolument analogue, où existent les mêmes motifs de décision,

(1) Pothier, *Traité des fiefs*, n° 587.
(2) *Adde* sur la question Demolombe, XIV, n° 343 ; Rigaud et
Championnière, *Traité des droits d'enregistrement*, n° 2575. —
Caen, 17 juin 1847, D. 47, 3, 208 ; Cass., 2 mai 1849, D. 49, 1, 132 ;
S. 49, 1, 522 ; Cass., 24 avril 1854, D. 54, 1, 157 ; Seine, 21 mai 1886,
587, 2, 237 ; D. 86, 2, 217.

refuser d'appliquer ce principe, d'accord en cela avec la presque unanimité de la doctrine (1). On décide, en effet, que le mari, héritier ou légataire universel de sa femme, ne peut pas renoncer, du chef de celle-ci, à sa part de communauté.

Relativement au fisc, aux légataires et aux créanciers de la femme, cette renonciation aura les mêmes effets que celle de l'héritier dans le cas que nous avons examiné plus haut.

Le patrimoine de la femme, diminué de sa part de communauté, n'est plus qu'un gage très réduit : il ne se compose plus que de ses propres et reprises. C'est seulement ces valeurs qui seront déclarées par le mari héritier et le droit de mutation ne portera que sur elles, au grand préjudice du fisc.

En même temps, le mari se soustrait au paiement de droits qui peuvent être considérables ; évite les formalités longues et coûteuses de la liquidation de la communauté.

Mais, tandis que l'héritier, après avoir renoncé au nom de son auteur, peut ensuite renoncer de son propre chef, le mari qui a renoncé à la part de communauté de sa femme, au nom de celle-ci et en sa qualité d'héritier, ne peut y renoncer ensuite en

---

(1) Aubry et Rau, § 517, note 7 et auteurs cités. — Guillouard, III, 1248 et 1282. — Baudry-Lacantinerie, III, n° 489. — Cass., 9 mars 1842, D. 42. 1. 148 ; Req., 26 novembre 1849, D. 50, 1, 91 ; J. du P., 50, t. 1, p. 580 ; Lyon, 21 mars 1865 ; Sirey, 65, 2, 274 ; J. du P., 1865, p. 1038.

son propre nom. Le mari, en tant que mari, ne peut pas, nous l'avons vu, se dégager de la communauté ; et, dès lors, si la femme ou ses héritiers ont renoncé à leur part, il reste propriétaire pour le tout, *jure non decrescendi* ; les biens de la communauté, qui est censée n'avoir jamais existé, n'ont jamais cessé de lui appartenir *ab initio* ; les dettes dont ils sont grevés doivent être supportées par lui en son nom personnel.

Il faut noter enfin que cette renonciation ne peut nuire ni profiter aux créanciers de la communauté, puisqu'ils trouveront toujours en fin de compte les mêmes biens entre les mains du mari, de quelque façon qu'ils y soient tombés.

Le mari, dit-on, a été seul administrateur des biens de la communauté, il a contracté lui-même toutes les obligations, jamais il ne doit pouvoir y renoncer, même s'il est héritier ou légataire de sa femme, quelqu'intérêt qu'il puisse avoir à le faire. Une pareille renonciation ne peut être faite qu'en fraude des droits du fisc, en vue de lui soustraire le droit de mutation légitimement dû pour la transmission au mari de la part de communauté revenant à la femme. Comment expliquer autrement une renonciation qui ne produira aucun autre effet, puisque le renonçant recueille et conserve la chose à laquelle il a renoncé ?

La faculté que l'article 1453 donne à la femme ou à ses héritiers de renoncer à la communauté,

est incontestablement un bénéfice qui leur est accordé contre le mari ; il est donc évident que l'exercice de cette faculté ne peut pas lui être accordé
lorsqu'il se trouve accidentellement héritier de sa
femme, car il n'est pas permis de supposer que la
loi a compris celui contre lequel elle a introduit un
bénéfice au nombre de ceux qu'elle appelle à en
profiter.

Outre que la faculté de renoncer est incompatible
avec la qualité de mari, puisqu'elle a été établie
contre lui, l'article 1456 exige de la femme qui veut
conserver la faculté de renoncer, la confection d'un
inventaire contradictoirement avec les héritiers du
mari, sous peine d'être déclarée commune. Or, il est
impossible au mari de remplir cette formalité puisqu'il ne cesse d'être le maître de la communauté,
et qu'il n'a pas de contradicteur pour en faire l'inventaire. Il ne peut agir à la fois comme mari et
comme héritier de la femme, et, ne pouvant remplir
la formalité sans laquelle le droit de renoncer
n'existe pas, ce droit ne peut pas lui appartenir. Il
n'est pas besoin d'un texte formel pour le lui refuser ; cela résulte suffisamment des motifs qui ont
fait admettre la faculté de renoncer, et des conditions imposées par le Code pour la validité de cette
renonciation.

On oppose, enfin, l'article 1454 qui porte que la
femme qui s'est immiscée dans les biens de la communauté, ne peut y renoncer. Le mari ne peut pas

ne pas s'immiscer, il lui est donc impossible de renoncer.

Ecartons d'abord les arguments tirés des articles 1454 et 1456 ; ces articles, introduits par le législateur dans l'intérêt et du mari et des créanciers pour empêcher que la femme, après avoir dilapidé une partie de l'actif de la communauté, ne se dégageât ensuite par une renonciation de toute contribution dans le passif, ne s'appliquent pas ici. Le mari, seigneur et maître, reste en possession des biens de la communauté en même temps qu'il est personnellement tenu de tout le passif. Aucune modification n'est apportée dans les relations entre lui, la communauté et ses créanciers, il n'est besoin d'aucune mesure de protection.

Il est hors de doute que le mari ne pourra jamais comme tel renoncer à la communauté ni faire aucun acte tendant à l'exonérer des dettes qu'il a lui-même contractées. Mais il est également certain que les articles 1461 et 1464 donnent aux héritiers de la femme le droit de renoncer, de son chef, à la communauté sans aucune restriction : d'où nous tirons cette conséquence, que l'héritier, fût-il le mari, jouira de ce droit. Il possède, à ce moment, la double qualité de mari et d'héritier : la qualité d'héritier n'influe en rien sur les obligations du mari ; mais, réciproquement, la qualité de mari ne peut entraver les droits de l'héritier. En tant qu'héritier, le mari a trouvé dans la succession de sa femme un droit d'option intact; et ce droit, il l'exerce comme il veut, comme le ferait tout autre héritier; personne n'est fondé à critiquer l'usage qu'il en fait, ni les conséquences qui en découlent. Ces effets s'appliquent à deux qualités distinctes, à deux patrimoines différents; peu importe qu'ils soient inhérents à une même personne; tout doit se passer comme si c'était un autre que le mari qui fût l'héritier de sa femme; une renonciation est parfaitement valable.

Reste l'imputation de fraude dont l'enregistrement prétend que cet acte est entaché; ici, nous ne pouvons que répéter ce que nous avons déjà dit dans une espèce analogue : il ne peut pas y avoir fraude à user d'un droit reconnu par la loi. C'est là une vérité de jurisprudence qui a toujours jugé qu'elle ne devait jamais s'arrêter, dans l'application d'une loi, devant le préjudice qui pourrait en résulter pour le fisc.

Nous avons vu que le droit d'option peut s'ouvrir au profit de plusieurs personnes à la fois; si elles sont d'accord sur le parti à prendre, pas de difficulté; mais qu'arrivera-t-il si elles ne s'entendent pas ?

Nous avons à examiner le cas où le droit d'option est né directement au profit de plusieurs personnes, et celui où ces personnes l'ont recueilli dans la succession d'une personne décédée sans avoir pris parti.

Le droit d'option naît directement au profit de plusieurs personnes.

Dans ce cas, chaque intéressé prend le parti qu'il veut, en toute indépendance, sans que la décision de ses co-partageants puisse avoir sur lui une influence quelconque pour modifier le sens de son option.

Il n'en était pas ainsi en matière de succession dans les pays de coutume : le bénéfice d'inventaire, qui ne pouvait en général être obtenu que comme faveur exceptionnelle, par des lettres délivrées en grande chancellerie, était vu avec grande défaveur. Aussi, lorsqu'un des héritiers n'avait accepté que bénéficiairement, il se voyait exposé à être exclu de la succession par un cohéritier ou même par un parent éloigné qui se portait acceptant pur et simple, à moins toutefois qu'il ne renonçât lui-même au bénéfice d'inventaire. Ce droit d'exclusion se justifiait, au dire de Masuer, *favore defuncti, creditorum et legatariorum*, en présence surtout des fraudes dont le bénéfice d'inventaire était devenu le moyen.

Avec le progrès, ce droit avait été fort désapprouvé par les jurisconsultes, « qui n'en trouvaient pas » moins peu équitable cette pensée du testateur qui « veut que son héritier se mette au hasard de se » ruiner pour honorer sa mémoire. » Pothier le trouve « bizarre » et il déclare injuste « qu'un » parent soit privé d'une succession qui lui est » déférée par la loi par un parent plus éloigné, pour

» avoir usé d'un bénéfice qui lui était présenté par
» la loi même (1). »

Faisant droit à ces critiques, le Code Civil a
abrogé à cet égard les dispositions des coutumes par
cela même qu'il ne les a pas reproduites ; en matière
de succession, comme en matière de communauté,
chaque cohéritier a une option illimitée, à condition toutefois que le droit soit né directement à son
profit.

Lorsque des divers héritiers les uns auront
renoncé et les autres accepté, que deviendra la part
des renonçants ?

Cette question est réglée de façon absolument
différente en matière de communauté et en matière
de succession.

En matière de succession, art. 786, « la part du
renonçant accroît à ses cohéritiers. » De sa nature,
l'hérédité est une et indivisible, et lorsque plusieurs
personnes sont appelées conjointement à une succession, elle se transmet pour le tout à chacune
d'elles. Il en résulte que l'acceptation ou la renonciation, quoique faite par un seul des successibles, porte virtuellement sur l'hérédité entière et que les portions devenues vacantes, par la
renonciation de quelques-uns d'entre eux accroissent forcément celles des successibles qui
avaient antérieurement accepté, *partes renuntian-*

(1) Pothier, *Traité des successions*, chap. III, § 9, art. 3.

tium accrescunt invitis. Ces derniers ne pourront pas renoncer à la part du renonçant pour s'en tenir à la leur : *nemo pro parte heres.* Au reste, ils n'ont pas à se plaindre : ou leur acceptation est postérieure à la renonciation de leur cohéritier et alors ils ont agi en connaissance de cause, ou elle est antérieure et alors ils ont dû prévoir la possibilité d'une renonciation et l'accroissement qui en serait la conséquence (1).

Si maintenant nous supposons plusieurs héritiers d'une femme prédécédée et l'un d'eux qui renonce, que va devenir sa part ? chacun des cohéritiers acceptants garde-t-il seulement sa portion héréditaire, ou bien la part du renonçant va-t-elle se réunir à celles des acceptants qui prendront ainsi dans tous les cas la moitié de la communauté ?

Lebrun voyait là un cas d'accroissement analogue au précédent : « Les héritiers, dit-il, se peuvent » diviser sur le fait de l'acceptation de la commu- » nauté, et la plupart renonçant, un seul héritier » peut accepter et celui-là partagera la commu- » nauté, par moitié avec le mari (2) ». « Cette déci- » sion, dit Pothier (3), me paraît contraire aux pre- » miers principes ; les trois héritiers de la femme » ont bien renoncé à la communauté pour la part

----

(1) Aubry et Rau, § 609, notes 9 et 10.

(2) Lebrun, *Traité de la communauté,* livre 3, ch. 11, sect. 2, dist. 1, n° 6.

(3) Pothier, *communauté,* n° 587.

» qu'ils y avaient, mais ils n'ont pas renoncé à
» la succession de la femme. Celui qui a accepté
» la communauté n'est toujours, nonobstant cette
» renonciation de ses cohéritiers, héritier de la
« femme que pour un quart ; et par conséquent
» il n'est successeur aux droits de la femme que
» pour un quart ; et par conséquent il ne peut
» succéder que pour un quart aux droits de la
» femme dans les biens de la communauté, de
» même qu'à tous les autres droits de la suc-
» cession.

» Ce n'est donc point à lui que doivent accroître
» les parts auxquelles ces cohéritiers ont renoncé ;
» elles doivent, par leur renonciation, demeurer au
» mari, *jure non decrescendi*, par la même raison
» que la part de la femme serait demeurée en en-
» tier au mari, si la femme ou tous les héritiers
» de la femme avaient renoncé à la communauté.

» Chacun des quatre héritiers de la femme, qui
» a succédé pour son quart au droit de la femme
» aux biens de la communauté, a, pour son quart
» le même droit que la femme. Par conséquent,
» de même que sa femme, si elle eût survécu, n'eût
» pu renoncer à la communauté pour se décharger
» des dettes qu'en laissant aux héritiers de son
» mari tout son droit dans les biens de la commu-
» nauté ; de même chacun de ses héritiers ne peut
» renoncer à la communauté qu'en laissant au mari
» le droit auquel il a succédé à la femme dans les
» biens de la communauté, pour la part qu'il y a.

» Il résulte de tout ceci, que dans l'espèce pro-
» posée, lorsque la femme a laissé quatre héritiers
» dont trois ont renoncé à la communauté, et un
» seul l'a acceptée, celui qui l'a acceptée ne doit
» avoir qu'un quart de la moitié, et le mari doit
» avoir le surplus; savoir la moitié de son chef
» et les trois quarts de l'autre moitié qui sont les
» portions auxquelles les trois autres héritiers ont
» renoncé.

» On ne peut tirer aucun argument du droit
» d'accroissement qui a lieu entre les légataires
» d'une même chose, pour l'accroissement des
» parts des héritiers de la femme, qui ont renoncé
» à la communauté, à celle de celui qui l'a acceptée.

» Le droit d'accroissement, qui a lieu entre les
» légataires, n'a lieu qu'entre ceux qui sont *con-*
» *junti re*, soit qu'ils soient *conjunti re et verbis,*
» soit qu'ils le soient *re tantum*; c'est-à-dire en-
» tre ceux à chacun desquels le testateur a lé-
» gué la chose entière, de manière qu'il n'y eût
» que leur concurrence qui dût partager entre eux
» la chose léguée.

» Lorsque l'un de ces légataires conjoints prédé-
» cède, ou répudie le legs, la part qu'il eût eue
» dans le legs, s'il l'eût acceptée, doit accroître ou
» plutôt ne pas décroître à celui qui l'a accepté,
» parce qu'il est légataire de la chose entière et
» qu'il n'y avait, conséquemment, que la concur-
» rence de son colégataire qui a renoncé qui eût pu
» le priver d'une part de la chose.

» Mais lorsque le testateur a assigné à chacun
» de ses légataires une part dans la chose qu'il leur
» a léguée, quoique par une même phrase, comme
» lorsqu'il a dit : je lègue à Titus et à Caïus une
» telle chose par égale portion *ex æquis partibus,*
» ces légataires sont *conjuncti verbis tantum,*
» *qui ab initio partes habent* ; et il n'y a pas lieu
» entr'eux au droit d'accroissement, à moins que le
» testateur ne s'en soit expliqué. C'est pourquoi, si
» l'un d'eux répudie le legs, celui qui a accepté
» n'aura que la moitié qui lui a été assignée dans la
» chose léguée, sans pouvoir prétendre à l'accrois-
» sement de la part de celui qui l'a répudié, car il
» n'est légataire que de sa moitié. C'est ce qui
» est décidé en la loi 11, *de usuf. accr.* C'est ce que
» dit Cujas. *ad. L.* 16, ff. *de leg.* 1°.

» En faisant l'application de ces principes aux
» héritiers d'une femme qui ont succédé à son
» droit de communauté et dont l'un a accepté la
» communauté, et les autres y ont renoncé, il est
» évident que ces héritiers ne peuvent pas être
» comparés à ces légataires qui sont *conjunti re* et
« entre lesquels il y a lieu au droit d'accroissement :
» au contraire ils ressemblent à ceux *qui ab initio*
» *partes habent.* Ces héritiers, de même que ces
» légataires *ab initio partes habuerunt,* ils n'ont
» chacun succédé que pour leur part au droit de la
» femme à la communauté ; d'où il suit que, de
» même qu'il n'y a pas lieu au droit d'accroisse-
» ment entre ces légataires qui ne sont point *con-*

7

» *junti re* et qui, au contraire, *ab initio partes*
» *habent,* il ne doit pas non plus y avoir lieu au
» droit d'accroissement entre ces héritiers ».

L'article 1475 a coupé court à toute controverse
en adoptant la solution si juridique et si fortement
motivée de Pothier : « Si les héritiers de la femme
sont divisés, en sorte que l'un ait accepté la communauté à laquelle l'autre a renoncé, celui qui a
accepté ne peut prendre que sa portion virile et
héréditaire dans les biens qui échoient au lot de la
femme. Le surplus reste au mari qui demeure
chargé, envers l'héritier renonçant, des droits que
la femme aurait pu exercer en cas de renonciation,
mais jusqu'à concurrence seulement de la portion
virile héréditaire du renonçant ».

Nous avons supposé dans l'hypothèse précédente
que le droit d'option était né directement au profit
des héritiers de la femme, et nous avons vu que,
dans ce cas, chacun peut prendre le parti qui lui
convient; donnerons-nous la même solution dans
les cas où le droit d'option étant né directement
dans la personne de la femme, passe, sans avoir été
exercé, à plusieurs autres personnes ?

Quoique l'article 1475 ne parle que du cas où
c'est au mari (sans ajouter ou à ses héritiers) que
restent les parts des renonçants, la règle qu'il pose
doit s'appliquer également dans l'hypothèse qui
nous occupe.

Cependant, certains jurisconsultes ont cru voir

des différences décisives entre les deux cas. Quand
la dissolution, dit-on, est arrivée du vivant de la
femme, comme cette femme ne pouvait pas accepter pour partie et renoncer pour partie, et que pour
elle le droit d'option était indivisible, il s'ensuit que
ce droit a été transmis avec ce caractère à ses héritiers, tandis que le droit s'est trouvé divisible à sa
naissance même, quand c'est par le décès de la femme
que la dissolution de la communauté s'est opérée.

Ces arguments ne sont pas décisifs ; le droit dont
il s'agit est parfaitement divisible. Sans doute, la
femme ne pouvait l'exercer divisément ; une même
personne ne peut être à la fois acceptante et renonçante, de même qu'il n'est pas permis à un débiteur de s'acquitter partiellement, bien que la dette
soit très divisible ; le droit le plus divisible s'exerce
toujours, en tant qu'il repose sur un sujet unique,
comme s'il était indivisible (1220). Si donc les conditions dans lesquelles la divisibilité ne pouvait pas
se produire ont disparu, ce droit se divise.

Une autre objection est tirée de la disposition de
l'art. 782 ; cet article, prévoyant le cas où plusieurs
héritiers recueillent un droit d'option intact dans la
succession de leur auteur, s'exprime ainsi : « Si ces
héritiers ne sont pas d'accord pour accepter ou pour
répudier la succession, elle doit être acceptée sous
bénéfice d'inventaire. »

Il semblerait que cet article doit être étendu à
notre hypothèse ; et cependant on est d'accord pour
repousser cette assimilation. L'art. 782 est spécial

à la matière des successions, et son introduction dans notre législation a donné lieu à trop de critiques pour chercher à lui donner une application extensive.

Ici, il y a nécessité à ce que tous les héritiers prennent le même parti ; ils représentent le défunt qui n'aurait pas pu accepter ou répudier la succession pour partie ; la qualité d'héritier est indivisible, quoique s'appliquant à une chose divisible, l'hérédité.

L'ancien Droit avait déjà admis ce principe de l'indivisibilité de la qualité d'héritier ; mais il avait admis un tempérament qui corrigeait la rigueur du principe : « Lorsque les héritiers de cet héritier, » nous dit Pothier, ont entre eux des intérêts diffé- » rents sur le parti de l'acceptation ou de la répu- » diation, il faut entrer dans la discussion de ce » qui aurait été plus avantageux et faire prévaloir » ce parti » — « Il faudrait, en ce cas, nous dit-il » ailleurs, entrer dans l'examen du *quid utilius* et » faire prévaloir le parti qui eût été le plus avan- » tageux au défunt, à qui la succession a été » déférée (1). » Le juge avait donc, dans l'ancien Droit, le pouvoir d'apprécier le *quid utilius*.

Pour éviter des difficultés que pourraient présenter ces questions de fait, toujours délicates à résoudre, le Code a voulu que tous les héritiers fussent

***

(1) Pothier, *Traité des successions*, ch. III, sect. 13, art. 1, § 2. Intr. à la *coutume d'Orléa* titre XVI, n° 41.

obligés d'accepter sous bénéfice d'inventaire. « La
» règle simple qu'établit l'art. 782 coupe court aux
» interminables contestations qu'enfantait, celle de
» se déterminer par le plus grand intérêt du défunt,
» intérêt qu'il était souvent difficile de discerner. »
— M. Treilhard dit que «l'application de cette règle
» (de l'ancien Droit), donnerait lieu à de longues
» contestations. La section a cru devoir en adopter
» une beaucoup plus simple et qui ne nuit à per-
» sonne (1). »

Sur cette observation de M. Treilhard, l'art. 782
fut adopté. S'il est vrai de dire qu'au point de vue
des dettes de la succession la solution de cet article
ne nuit à personne, cela est complètement faux à
tout autre point de vue. Si la situation est évidemment mauvaise, il suffit du parti pris ou de la mauvaise volonté d'un seul, pour lancer tous les cohéritiers dans une liquidation longue et coûteuse qui,
en définitive, ne fera qu'augmenter le passif de la
succession ; la succession est-elle bonne, on aura à
regretter des frais inutiles.

Enfin et surtout, l'acceptation bénéficiaire oblige
tous les héritiers au rapport des avantages faits à
leur auteur, sans distinction entre ceux qui se sont
prononcés pour l'acceptation et ceux qui s'y sont
opposés. Cette obligation du rapport conduit aux
résultats les plus iniques, si l'on considère surtout
que l'acceptation bénéficiaire est forcée.

(1) Locré, t. X, pp. 37, 108, n° 17.

Certains auteurs ont reculé devant ces résultats ;
le législateur, a-t-on dit, n'a songé qu'aux dettes et
aux charges, sans s'occuper des rapports ; il a voulu
ne nuire à personne, et ici il nuit énormément aux
cohéritiers ; ce n'est donc pas le cas d'appliquer
l'art. 782, autrement ce serait mettre les héritiers
honnêtes et prudents à la merci de l'un d'eux, impru-
dent et peut-être malhonnête. Donc, le juge verra
le *quid utilis* et, si la question est douteuse, il
pourra autoriser ceux qui veulent accepter à le faire
sous bénéfice d'inventaire, mais à la charge de
garantir les autres contre le préjudice qui, pour
eux, résultera du rapport en forçant ceux-ci à ne
pas profiter des avantages inespérés que pourrait
procurer cette acceptation (1).

Il serait à désirer qu'une telle solution pût être
admise ; « elle est, sans contredit, fort équitable,
et c'est une raison pour l'admettre », dit M. Demante ; mais il nous semble impossible d'aller
jusque-là ; la loi est formelle et doit être appliquée
en attendant qu'elle soit modifiée.

M. Laurent, dans son avant-projet de révision,
propose d'adopter les principes applicables en matière
de communauté, c'est-à-dire de laisser à chacun des
héritiers une complète liberté. « Que faut-il décider,
» dit-il, si les héritiers ne sont pas d'accord pour
» accepter ou répudier? Le Code civil, art. 782,

_____

(1) Demante, III, n° 102 bis, § 3.

» dispose que dans ce cas la succession doit être
» acceptée sous bénéfice d'inventaire; c'est une
» dérogation au principe consacré par l'art. 775 :
» Nul n'est héritier qui ne veut; cette acceptation
» forcée peut être préjudiciable à l'héritier qui veut
» renoncer; s'il est donataire, il devra le rapport,
» et il lui serait peut-être plus avantageux de re-
» noncer et de s'en tenir à sa libéralité. Pourquoi la
» loi le déclare-t-elle héritier malgré lui ? On dit
» que le droit d'accepter ou de répudier l'hérédité
» est indivisible comme toute faculté; il faut donc
» que la succession soit acceptée pour le tout ou
» répudiée pour le tout. Cela est plus subtil que
» vrai; sans doute, le défunt à qui la succession est
» échue, ne pouvait l'accepter pour partie; mais
» quand il meurt, laissant plusieurs héritiers, il
» transmet un droit divisible, puisque la succession
» est divisible; ce qui n'empêchera pas que la suc-
» cession soit, dans toute hypothèse, acceptée pour
» le tout; la part du renonçant accroîtra à ses
» cohéritiers qui l'acceptent, bien entendu avec les
» charges. Et quand même le droit serait indivisible,
» le législateur peut déroger à ce principe, ce qui
» n'offre aucun inconvénient, tandis qu'il y en a un
» à faire exception au principe que nul n'est héri-
» tier qui ne veut. C'est la décision du Code
» italien. » (1).

---

(1) Laurent, *Avant-projet de révision*, sous son art. 921, tome III.
— En Autriche, lorsqu'il y a plusieurs cohéritiers et qu'ils acceptent

Une révision dans ce sens nous paraît devoir être rejetée ; nous avons vu que l'option ne peut pas être exercée de diverses façons, du chef du *de cujus* ; d'un autre côté, en faisant accroître la part du renonçant aux cohéritiers qui ont accepté, on peut arriver aux résultats les plus bizarres, les plus opposés au vœu du législateur, qui désire l'égalité entre les copartageants. Si nous supposons en effet que la succession échue au *de cujus* est mauvaise et que de deux héritiers l'un l'accepte et l'autre y renonce, nous verrons celui qui y renonce prendre une moitié de l'actif net de la succession du *de cujus*, tandis que l'autre ne prendra cette moitié que grevée de l'excédent du passif de la succession échue au *de cujus*, excédent qui pourra absorber toute sa part de la succession de ce dernier ; de sorte que de deux appelés, ayant des droits égaux, l'un prendra quelque chose, l'autre, non seulement ne prendra rien, mais encore pourra être tenu sur son propre patrimoine ; le passif de l'un sera augmenté par la volonté de l'autre. Ce résultat ne se produira pas en matière de communauté, où, nous l'avons vu, la

les uns purement et simplement les autres, ne fut-ce qu'un seul, sous bénéfice d'inventaire, il doit être procédé à l'inventaire, et la succession est provisoirement considérée comme n'ayant été acceptée par tous les héritiers que sous ce bénéfice (art. 807).

En Portugal, si les cohéritiers ne s'entendent pas sur l'acceptation ou la répudiation d'une succession, elle peut être acceptée par les uns et répudiée par les autres ; mais si les uns entendent l'accepter, purement et simplement, et les autres sous bénéfice d'inventaire, l'acceptation bénéficiaire est de droit (art. 2031).

part des renonçants accroissant au mari, la décision
d'un des héritiers de la femme n'a aucune influence
sur la position de ses cohéritiers.

Dans l'esprit de ses rédacteurs, l'article 782 était
destiné, nous l'avons vu, à tarir une source de
procès, pour le plus grand bien des cohéritiers ; cette
innovation nous paraît malheureuse et n'a pas donné
tous les bons résultats qu'on en espérait. Nous pré-
férerions en revenir simplement aux principes de
Pothier, et donner au juge le soin de décider ce qui
vaut mieux pour les intéressés. Si le principe de la
liberté de l'option doit subir une exception, il vaut
mieux que ce soit en connaissance de cause, d'une
façon éclairée, que par l'effet d'une disposition lé-
gislative inéluctable qui peut souvent heurter les
intérêts les plus recommandables.

Le droit d'option peut être exercé par les créanciers de celui au profit duquel il s'est ouvert en vertu
des principes de l'art. 1166.

Les créanciers de l'héritier qui reste dans l'abs-
tention peuvent accepter de son chef.

De même les créanciers de la femme peuvent accepter ou répudier la communauté, lorsqu'elle reste
dans l'inaction. Cette solution résulte tant du texte de
l'article 1453 que de l'application des principes de
l'article 1166. Cependant, elle a été contestée par
M. Laurent (1). L'expression « ayant cause » ne

(1) Laurent, t. XVI, n° 427, t. XXII, n° 347.

comprend pas, d'après lui, les créanciers de la femme.
Tout droit dont l'exercice exige de la part du débiteur, une acceptation précise, ne passe pas aux
créanciers, car l'acceptation est une œuvre de volonté essentiellement personnelle, et l'option, con-
férée par l'article 1453, exige la manifestation de la
volonté de la femme; donc, c'est à la femme seule
qu'il appartient de se prononcer. Les créanciers de
la femme ne peuvent pas accepter en son lieu et
place, parce que cette acceptation aurait pour effet
de l'obliger, malgré elle, au paiement des dettes de
la communauté. Ils ne doivent pas pouvoir davantage renoncer en son nom, car ils la priveront ainsi
de l'option que la loi lui accorde.

Cette opinion est généralement rejetée; les créanciers ne veulent pas créer un droit qui n'appartient
pas à leur débiteur, droit qui ne peut être acquis
que par un acte de sa volonté propre et individuelle;
ils veulent exercer en son lieu et place un droit qui
est dans son patrimoine. Le droit d'option, accordé
à la femme pour garantir ses intérêts contre les suites
de l'administration du mari, forme, dans le patrimoine de la femme, un droit pécuniaire soumis,
comme ses autres biens, à l'action de ses créanciers.

Les cessionnaires des droits de l'héritier et de la
femme, quoique étant des « ayant cause », ne peuvent par renoncer; en cédant leurs droits dans la
succession ou dans la communauté, la femme ou
l'héritier ont fait un acte entraînant acceptation, le
droit d'option est éteint.

APPENDICE AU CHAPITRE PREMIER

Cas où le droit d'option est supprimé.

———————

Le droit d'option cesse, soit en matière de succession, soit en matière de communauté, pour l'héritier ou pour la femme qui ont diverti ou recélé des effets de la succession ou de la communauté.

L'auteur du divertissement ou recel est nécessairement acceptant.

Il est déchu de la faculté de renoncer : « Les héritiers qui, dit l'article 792, auraient diverti ou recélé des effets d'une succession, sont déchus de la faculté d'y renoncer : ils demeurent héritiers purs et simples, nonobstant leur renonciation, sans pouvoir prétendre aucune part dans les objets divertis ou recélés. » Et, de son côté, l'article 1460 s'exprime ainsi : « La veuve qui a diverti ou recélé quelques effets de la communauté, est déclarée commune, nonobstant sa renonciation ; il en est de même à l'égard de ses héritiers. » Il est complété par l'article 1477 : « Celui des époux qui aurait diverti ou

recélé quelques effets de la communauté, est priv
de sa portion dans lesdits effets. »

Il est déchu également du droit d'accepter bénéficiairement. L'article 801 le dit formellement en
matière de succession : « L'héritier qui s'est rendu
coupable de recélé ou qui a omis, sciemment et de
mauvaise foi, de comprendre dans l'inventaire des
effets de la succession, est déchu du bénéfice d'inventaire. » En matière de communauté, cela résulte
de l'article 1483 qui exige de la femme, qui veut
jouir du bénéfice d'émolument, la confection d'un
inventaire bon et fidèle.

Nous n'étudierons pas ici toutes les questions que
soulèvent le divertissement ou le recel des effets de
la succession ou de la communauté. Il est certain
que la solution doit être identique dans les deux
cas : « Les articles 792, 801, 1460 et 1477, disent Au-
» bry et Rau (1), contiennent des dispositions ana-
» logues et, pour ainsi dire, identiques ; ces diffé-
» rents articles peuvent donc être interprétés et
» complétés les uns par les autres. » « Ces articles,
» disent-ils autre part (2), ayant au fond le même
» objet et procédant de la même pensée, se com-
» plètent réciproquement et doivent s'interpréter
» dans le même sens. »

Quel est le caractère de cette déchéance ? Doit-on
la considérer comme une peine ou comme une

(1) Aubry et Rau, § 613, n° 47.
(2) Aubry et Rau, § 519, n° 8.

acceptation tacite de la succession ou de la communauté?

C'est, d'après nous, à titre de peine, du délit ou du quasi-délit qu'il a commis, que l'ayant droit est déclaré acceptant pur et simple. Le détournement ou le recel, bien que commis dans l'intention de s'approprier la chose divertie, ne contient pas un acte d'acceptation tacite; tout au contraire, le fait de s'emparer clandestinement d'effets de la succession ou de la communauté, suppose, chez le coupable, l'intention ou de renoncer ensuite au détriment des créanciers dont le gage est ainsi diminué, ou de faire tort à ses co-partageants.

Le caractère pénal est, de plus, affirmé par la privation de part dans l'objet diverti; pour avoir voulu s'emparer de la part des autres, le coupable perdra la sienne. Ces deux conséquences d'un même fait, acceptation forcée, privation totale des objets recélés, sont intimement liées et ont toutes deux la même nature; or, il est impossible de nier que cette deuxième conséquence du recel n'ait le caractère d'une pénalité; on doit, dès lors, reconnaître le même caractère à l'acceptation forcée.

Ce caractère une fois admis, on devra en tirer toutes ses conséquences et on devra déclarer, notamment, que cette déchéance frappe l'héritier ou la femme qui est en minorité.

Cette solution était admise dans l'ancienne jurisprudence par le raisonnement suivant : cette déchéance est une pénalité civile prononcée contre le

recéleur, auteur du délit; or, le mineur n'est pas
restitué contre ses délits; donc, il doit subir cette
déchéance comme le majeur.

Un fort parti de la doctrine admet aujourd'hui la
même solution (1). Elle invoque la tradition historique; dans notre Code, comme dans notre ancien
Droit, le mineur n'est pas restituable contre ses
délits (art. 1310), et notre Code, admettant la déchéance de notre ancien Droit, a dû la prendre avec
son ancien caractère de pénalité civile, donc applicable au mineur comme au majeur.

En sens contraire, des autorités également considérables disent qu'il faut écarter la disposition de
l'article 1310 (2); il ne s'agit point d'apprécier l'effet
d'une obligation naissant d'un délit, mais de savoir
si un incapable peut, en renonçant à un bénéfice
légal, se soumettre à des engagements plus ou moins
onéreux. — Le recelé est sans doute un délit, et le
mineur qui s'en est rendu coupable, est tenu de
réparer le tort qui en est résulté pour les héritiers
ou pour les créanciers héréditaires, s'il s'agit d'une
succession; pour les héritiers du mari ou les créanciers de la communauté, s'il s'agit d'une communauté. Mais là s'arrête l'obligation naissant de ce

(1) Arntz, III, 732; Battur, II, n° 702; Odier, I, p. 446; Troplong, Cont. de Mar., III, n° 1547; Laurent, t. XXII, n° 384; Del-
vincourt, II, p. 92; Demante, III, n° 113 bis.
(2) Aubry et Rau, § 517, note 38 et auteurs cités; § 412, note 26
et auteurs cités.

délit. Quant à la déchéance de la faculté de renoncer,
elle serait bien moins une conséquence du recélé
comme tel, que de l'acceptation tacite qui résulte de
tout fait d'immixtion. Et quand même elle constituerait une espèce de pénalité civile, encore fau-
drait-il reconnaître que cette pénalité ne peut être
appliquée à un mineur, puisque, autrement, il
dépendrait de lui de se priver indirectement d'un
bénéfice auquel il est incapable de renoncer directement.

Sans doute cette seconde solution est bien plus
équitable; la peine encourue par le receleur est
hors de proportion avec l'étendue du délit d'une
façon générale, et plus particulièrement s'il s'agit
d'un mineur; mais, devant la loi telle qu'elle est,
il nous paraît impossible de ne pas prononcer la
déchéance dans tous les cas; nous ne pouvons
que souhaiter des réformes sur ce point.

Cette déchéance n'a pas lieu de plein droit; les
dispositions des art. 792 et 1460 n'ont été édictées
que dans l'intérêt de ceux qui auraient été lésés
par le recel : les cohéritiers du coupable ou les
créanciers de l'hérédité, en cas de succession, les
héritiers du mari ou les créanciers communs, en
cas de communauté.

L'héritier ou la femme qui aurait renoncé, après
avoir diverti ou recélé des objets de la communauté
ou de la succession, ne serait pas admis à revenir
lui-même contre sa renonciation, à se prévaloir du

délit qu'il a commis pour se faire déclarer acceptant, contre le gré des parties intéressées (1).

Il y avait, dans l'ancien Droit, deux autres cas
présentant de grandes analogies, où l'ayant droit
était privé de son droit d'option. La femme adultère
perdait tout droit dans la communauté, comme l'indigne, en matière de succession, perdait tout droit
sur la succession. Cette exclusion procédait d'une
idée répressive, c'était une disposition pénale destinée à venger la mémoire du mari ou du défunt
outragé ; de ces deux dispositions, une seule, celle
concernant l'indigne, est passée dans notre législation ; nous n'avons donc pas à nous en occuper plus
longuement.

(1) Aubry et Rau, § 617, note 35 ; § 613, note 50.

CHAPITRE II

Quand peut-on et doit-on exercer le droit d'option.

———————

Le droit d'option ne peut pas s'exercer avant l'ouverture de la succession ou la dissolution de la communauté ; il ne peut plus l'être trente ans après. Passé ce délai, l'ayant droit reste dans la position où la loi l'avait mis, il ne peut plus s'en dégager par une manifestation de volonté ; nous verrons, qu'en principe, il demeure acceptant.

Le droit d'option ne peut pas être exercé avant l'ouverture de la succession ou la dissolution de la communauté. Avant cette époque, on ne peut pas plus accepter qu'on ne pourrait renoncer, et l'ayant droit qui aurait accepté ou renoncé dans ces conditions, pourrait, une fois le décès ou la dissolution survenus, opter de nouveau librement sans être lié par sa décision antérieure.

Ce droit doit être considéré comme étant d'ordre public, et à ce titre la personne qui en jouit ne peut

8

pas l'abandonner par un contrat, et nul ne peut le
lui enlever par un acte unilatéral de volonté.

L'art. 791 s'exprime ainsi : « on ne peut, même
par contrat de mariage, renoncer à la succession d'un
homme vivant, ni aliéner les droits éventuels qu'on
peut avoir à cette succession » ; et l'art. 1130 dit de
son côté : « on ne peut renoncer à une succession
non ouverte ni faire aucune stipulation sur une pareille succession, même avec le consentement de
celui de la succession duquel il s'agit ».

Ces articles parlent de renonciation parce que le
législateur songeait surtout à abolir la pratique des
renonciations anticipées admises dans l'ancien Droit ;
mais, en réalité, ils entendent édicter une règle générale et prohiber également les acceptations anticipées, conformément aux principes déjà admis dans
l'ancien Droit. « Il est évident, nous dit Pothier,
qu'une succession ne peut être acceptée qu'elle ne
soit déférée ; on ne peut donc pas accepter la succession d'un homme avant sa mort, car il n'y a pas
de succession d'un homme encore vivant, ni par
conséquent rien qui puisse être le sujet de l'acceptation (1) ».

Mais si telle était la solution admise par la doctrine
et la jurisprudence quant à l'acceptation, il en était
tout différemment pour la renonciation. Pothier
constate que, quoique contraire au principe qu'on

(1) Pothier, *Successions*, chap. II, sect. 3, art. 4, § 3.

ne peut pas répudier, un droit qui n'est pas encore ouvert, la jurisprudence, poussée par le désir de conserver les biens dans les familles, a admis les renonciations aux successions futures par contrat de mariage. On faisait ainsi renoncer les filles à la succession de leur père et mère, moyennant une dot quelconque qu'on leur constituait ; c'était souvent une véritable exhérédation. On obtenait en effet leur renonciation pour le plus modique objet, pour un « chapeau de fleurs », sous un prétexte quelconque. Il n'était pas rare de voir les mâles puinés renoncer aussi au profit de leur frère aîné. « La même raison, nous dit Pothier, de soutenir le nom en conservant l'intégrité des biens à un seul, se rencontre dans ces renonciations comme dans celles des filles (1). » C'était un criant abus qui se liait à ce système, d'après lequel le droit de masculinité et de primogéniture prédominait en matière d'hérédité, système abandonné et proscrit par le législateur du Code civil.

La loi du 15 avril 1791, en supprimant le droit d'aînesse et les exclusions coutumières, avait prohibé, pour l'avenir, les renonciations aux successions futures ; et la Convention décida formellement que « le mariage d'un des héritiers présomptifs soit » en ligne directe, soit en ligne collatérale, ni les dis- » positions faites en le mariant, ne pourront lui être

---

(1) Pothier, *Successions*, chap. III, sect. 3.

» opposées pour l'exclure (1). » Le code civil, consacrant sur ce point les dispositions du droit intermédiaire, prohibe également toute renonciation, même par contrat de mariage, à la succession d'une personne vivante et tous les pactes quelconques sur une telle succession.

Les principes du Code relativement à la prohibition de faire aucune convention sur une succession non ouverte, même avec le consentement de celui de la succession duquel il s'agit, sont encore plus sévères que ceux du Droit romain. Suivant ce droit, il n'était pas permis de pactiser sur une succession future, parce qu'on y voyait des dangers pour celui de la succession duquel il s'agissait, en quelque sorte un *votum mortis alicujus*, ce qui paraissait avec raison contraire aux mœurs et au bon ordre ; mais il était permis aux héritiers présomptifs d'une personne de traiter sur sa succession, pourvu qu'elle donnât son consentement et qu'elle décédât ensuite sans l'avoir rétracté : cette convention n'est plus possible dans notre Droit actuel (2).

(1) Voir Demolombe, XIV, 301. — Comparer loi du 5 brumaire an II, art. 13, loi du 18 pluviose an V, art. 10.

(2) M. Batbie, dans un projet de révision du Code civil, paru dans la *Revue critique* de 1866, tome 28, proposait de supprimer la prohibition édictée par l'art. 1130 : « les dangers du *votum mortis*, dit-il, nous conduiraient loin ; car, s'il fallait s'en préoccuper, tout droit viager devrait être interdit. La constitution de l'usufruit et de la rente viagère auraient le même inconvénient, et il faudrait prohiber plusieurs conventions d'une incontestable utilité. » (p. 147). Ces

Le droit d'option ne peut pas être exercé par celui au profit duquel il naîtra : il ne peut pas davantage l'être par un acte unilatéral de volonté du futur *de cujus*, auquel il n'est pas permis d'imposer un parti à son héritier.

Et d'abord on est d'accord pour reconnaître que le successeur ne peut pas être déclaré, par la volonté du *de cujus*, forcément acceptant ou forcément renonçant ; mais c'est une question controversée de savoir si le *de cujus* peut interdire à son successeur le bénéfice d'inventaire en lui enjoignant de ne pas faire d'inventaire et d'accepter purement et simplement.

Le successeur appelé par le *de cujus* peut-être l'héritier désigné par la loi : pour que la question puisse se poser, il faut que le testateur ait institué un légataire pour le cas où on n'observerait pas la condition imposée de ne pas faire d'inventaire. Si l'appelé est un étranger, c'est l'héritier désigné par la loi qui sera, le cas échéant, appelé à recueillir la succession à sa place ; il n'est pas besoin d'une institution spéciale.

Dans un premier système, on considère le bénéfice d'inventaire comme d'intérêt privé, et par suite l'interdiction faite par le *de cujus* d'en profiter est parfaitement valable ; mais on n'est pas d'accord

raisons ne sont pas sans valeur ; il y a là, dans notre législation, des contradictions véritables. — Le Code, tout récent, du canton de Zurich, a admis les pactes sur succession future et la renonciation anticipée à une succession.

sur la portée de la règle. Tandis que les uns (Duranton, de Freminville) l'étendent à tous les cas,
d'autres enseignent qu'on doit en excepter deux :
1° celui où il s'agit d'un héritier réservataire ;
2° celui où il s'agit d'un mineur ou d'un interdit, qui,
d'après la loi, ne peuvent accepter que sous bénéfice d'inventaire.

Dans un second système, il faut distinguer entre
le successeur appelé par la loi et le successeur appelé par la volonté de l'homme. Nulle à l'égard de
l'héritier, la prohibition de profiter du bénéfice d'inventaire serait valable à l'égard du légataire. On serait en effet tenté de croire que le testateur, libre de
disposer de sa fortune comme il l'entend, est libre
de ne pas instituer tel légataire universel. Et s'il
l'institue, il doit être également libre de subordon-
ner son institution à la condition qu'il acceptera
purement et simplement, en d'autres termes qu'il ne
jouira pas du bénéfice d'inventaire. Ce raisonnement,
séduisant au premier abord, ne résiste pas à un examen
attentif : il ne faut pas oublier que s'il dépend uniquement du testateur d'appeler à sa succession un
légataire, il ne dépend pas de sa volonté de lui
interdire l'exercice d'une option relative au mode
d'acceptation de la succession, option que les successeurs tiennent non de leur auteur, mais de la
loi.

L'institution du bénéfice d'inventaire repose sur
des motifs d'intérêt général ; elle offre, à tous ceux
qui sont appelés à recueillir une hérédité, le moyen

de l'accepter sans compromettre leur fortune personnelle, et à ce point de vue elle présente un caractère incontestable d'intérêt général.

Nous nous rallierons donc à un troisième système d'après lequel la prohibition du bénéfice d'inventaire est toujours nulle, à l'égard de tout successeur appelé à l'hérédité. Lorsque ce successeur n'est pas un hériter réservataire, ou à plus forte raison s'il est un légataire, le *de cujus* aurait sans doute pu l'écarter de la succession ; mais, du moment qu'il a voulu qu'il y vienne, il doit la recueillir dans les conditions que la loi lui impose et avec le libre choix qu'elle lui accorde.

Toute option antérieure à l'ouverture de la succession est donc inexistante ; et cela de quelque façon et sous quelque forme qu'elle se présente : par contrat ou par acte unilatéral émanant du successible ou du *de cujus*. Et si le successible, croyant que la succession était ouverte alors qu'elle ne l'était pas, avait pris parti, cette option est inexistante dans tous les cas, comme portant sur le néant. Cette solution doit être suivie même si la succession venait à s'ouvrir aussitôt après l'option effectuée, et avant que l'héritier ait connu son erreur.

L'article 761 offre une exception à cette règle : l'enfant naturel peut renoncer par anticipation à la succession de ses parents en prenant immédiatement la moitié de ce qui doit lui revenir ; la jurisprudence va même jusqu'à dire, et cela d'une façon constante, que cette renonciation peut lui être imposée par son père. On peut aussi considérer comme des exceptions les dispositions de l'art. 918 et des articles 1075, 1082 et suivants relatifs aux partages d'ascendants et aux donations par contrat de mariage.

En matière de communauté sera-t-il également défendu à la femme d'exercer son droit d'option par anticipation ?

L'art. 1453, après avoir dit que, « après la dissolution de la communauté la femme ou ses héritiers et ayant cause ont la faculté de l'accepter ou d'y renoncer, » ajoute également, : « toute convention contraire est nulle. » C'est-à-dire qu'une acceptation ou une renonciation faite avant la dissolution de la communauté devra, en général, être considérée comme non avenue, et que toute convention tendant à priver la femme ou ses héritiers de leur droit d'option ou à en rendre l'exercice illusoire, sera également sans effet.

Le droit d'option est d'ordre public parce que la loi ne veut pas que la femme puisse contracter un engagement par suite duquel elle pourrait être obligée d'une manière illimitée, pour ses biens et pour sa personne, par une volonté autre que la sienne. Ce caractère lui était reconnu par nos anciens jurisconsultes. « Les raisons de cette jurisprudence, dit Pothier, sont : 1° Qu'il a paru être contre le bon ordre et l'intérêt public de laisser au pouvoir des maris d'engager et d'absorber les propres de leurs femmes : *nam interest reipublicæ mulieres dotes salvas habere ;* c'est pourquoi on a proscrit toutes les conventions qui tendraient à laisser ce pouvoir au mari ; telle qu'est celle par laquelle une femme se priverait de renoncer à la communauté pour se décharger des dettes immenses qu'un mari dissipateur aurait contractées. »

La femme ne peut pas, soit par contrat de mariage, soit par la clause d'un contrat passé avec un tiers, convenir qu'elle sera obligée de contribuer aux dettes de la communauté au-delà de son émolument (1).

Ces principes de l'ancien Droit sont passés dans le Code civil, et à quelqu'un qui lui signalait la contradiction entre l'art. 1453 et l'art. 1387 qui proclame la liberté des conventions matrimoniales, Berlier répondait : « Le mari étant par la nature des choses le maître absolu de la communauté, il doit être accordé quelque chose à la femme et à ses héritiers, non pour contrebalancer ce pouvoir, mais afin qu'à son terme les résultats n'en atteignent pas leur propre substance d'une façon souvent ruineuse » ; et plus loin, « une telle faculté est ici conservatrice du droit du faible ; elle est véritablement d'ordre public, et la prohibition d'y déroger doit être maintenue » (2).

Quelle valeur aurait l'option faite par la femme

---

(1) Sic Lebrun, *Communauté*, livre III, chap. II, sect. 2, dist. 1 ; Ferrière, *Compilation*, etc... sur l'art. 237, de la Cout. de Paris ; Bourjon, *Droit comm*, t. I, p. 533, nᵒˢ 13 et 14 ; Pothier, Comm. nᵒ 551.

(2) Fenet, t. XIII, p. 674.

pendant l'instance en séparation de biens, mais avant le jugement de dissolution ?

La femme peut accepter la communauté ou y renoncer dès que l'instance en séparation de biens est commencée. C'était l'opinion de Pothier (1) qui doit être encore suivie sous le Code civil, puisqu'il décide que, comme dans notre ancien Droit, le jugement prononçant la séparation de biens a un effet rétroactif au jour de la demande. La renonciation faite par la femme dans le cours de l'instance, serait donc réputée faite depuis la dissolution de la communauté et elle serait valable à ce titre. Et réciproquement, la femme ne sera pas déchue de son acceptation si elle a accepté, hypothèse qui, à la vérité, sera rare, pour ne l'avoir pas renouvelée dans les délais légaux après le jugement qui consacre la séparation de biens d'une manière définitive. Il n'y a donc pas là une véritable exception au principe qu'on ne peut opter par anticipation ; mais n'en est-ce pas une véritable que la clause appelée forfait de communauté ?

On appelle de ce nom une clause du contrat de mariage qui attribue à un époux la masse des biens communs, et à l'autre une somme fixe. Il y a là une véritable option anticipée. Et pourtant, ici encore, le législateur n'a pas voulu sacrifier la femme, et malgré la clause elle pourra encore se dégager.

(1) Pothier, Comm., n° 521.

Par la clause de forfait de communauté, on peut
créer deux situations : ou bien la somme fixe a été
stipulée en faveur de la femme, le mari devant
rester chargé de toute la communauté ; dans ce cas,
le principe de la liberté des conventions matrimoniales reprend tout son empire ; la femme, ne devant
rien supporter du passif, n'a pas à être protégée
contre l'administration du mari. Ou bien le forfait
a été stipulé en faveur du mari, la femme devant
prendre tous les biens de la communauté et en
supporter tout le passif. Dans ce cas, les motifs de
la protéger reprennent leur raison d'être, plus
impérieux que jamais. Nous nous trouvons, en
effet, en présence d'une société où l'un des associés ayant tous les droits, créant toutes les obligations, c'est l'autre, celui qui n'a aucun pouvoir,
qui sera tenu *in infinitum* sur tous ses biens
des dettes ainsi contractées. Le législateur n'a pas
voulu ce résultat bizarre, et dans le dernier alinéa de
l'article 1524, il établit formellement pour la femme
le droit de renoncer à la communauté. Mais il n'y a
pas là un véritable rétablissement du droit d'option,
avec les trois partis qu'il présente à la femme ; elle
doit, ou se rendre absolument étrangère à la communauté, ou exécuter la clause de son contrat de
mariage, elle ne peut pas opposer le bénéfice d'émolument (art. 1524).

Le droit d'option ne peut plus être exercé au bout
de trente ans.

Passé ce délai, l'ayant-droit reste dans la position où la loi l'avait mis : il ne peut plus s'en dégager par une manifestation de volonté ; il sera généralement acceptant.

« La faculté d'accepter ou de répudier une succession, dit l'article 789, se prescrit par le laps de temps requis pour la prescription la plus longue des droits immobiliers. » Un point certain, c'est que les mots « le laps de temps requis pour la prescription la plus longue des droits immobiliers » veulent dire par trente ans. Il ressort également d'une façon très nette, du texte de cet article, cette idée que, au bout des trente ans, le droit d'option est éteint et que, par conséquent, la position de l'héritier qui n'a pas pris qualité avant l'expiration de ce délai, se trouve fixée d'une manière définitive, sans qu'aucune déclaration de sa part puisse la modifier.

Quelle sera cette position ? doit-il être considéré comme définitivement héritier ou, au contraire, comme définitivement étranger à la succession ?

Pour bien comprendre la sphère d'application de l'article 789, prenons des exemples qui nous aideront à chercher la solution.

PREMIÈRE ESPÈCE. — Une succession est ouverte depuis plus de trente ans, pendant toute la durée de ce long délai l'héritier appelé en première ligne a négligé de prendre parti ; il n'a accepté ni répudié ;

les biens de la succession sont entre les mains d'une personne : l'héritier du degré subséquent ou tout autre qui n'en a pas encore acquis la propriété par la prescription, parce qu'elle ne les possède pas depuis un temps suffisant. Dans ces conditions, l'héritier du premier degré intente contre le possesseur une action en restitution des biens héréditaires. Qui triomphera dans ce débat ? Ce sera le demandeur si la prescription de trente ans de l'article 789 a eu pour résultat de l'investir d'une manière irrévocable de la qualité d'héritier ; car alors il a un titre pour réclamer les biens héréditaires dont le défendeur n'a pas encore acquis la propriété par la prescription. Ce sera le défendeur, au contraire, si la prescription a eu pour résultat de rendre le demandeur complètement étranger à l'hérédité ; car alors il est sans titre pour réclamer les biens dont elle se compose.

DEUXIÈME ESPÈCE. — Trente ans après l'ouverture d'une succession, un créancier de cette succession, dont la créance, on le suppose, n'est pas prescrite parce que la prescription a été suspendue ou interrompue, se présente et demande son paiement à l'héritier désigné par la loi, qui pendant ce long laps de temps n'a pas pris parti, celui-ci devra-t-il être condamné à payer ? Tout dépend du point de savoir quelle est la qualité qui lui appartient. Il devra être condamné si la prescription de l'article 789, que nous supposons acquise, lui a infligé défini-

tivement la qualité d'héritier ; tandis qu'il devra
échapper à toute condamnation si cette prescription
a eu pour résultat de le rendre définitivement étranger à la succession.

L'effet ordinaire de la prescription est de consoli-
der un état de choses préexistant. Si nous appliquons
cette notion, nous arriverons à dire que l'héritier qui
est resté pendant trente ans sans prendre parti,
doit conserver définitivement la situation qui lui
appartenait au moment où la prescription s'est
accomplie ; tout se réduit donc à savoir quelle était
cette situation.

Par le seul fait du décès du *de cujus,* le successeur appelé se trouve investi de tous les droits du
défunt par la seule autorité de la loi : « la propriété
des biens s'acquiert et se transmet par *succession,*
par donation entre vifs et testamentaire..... »
(art. 711). Propriétaire des biens de la succession,
il ne cessera de l'être que par une déclaration formelle de volonté, en usant du droit de renoncer qui
lui est offert par la loi. Si donc il reste dans l'inaction pendant trente ans, si pendant ce long délai il
ne renonce pas, sa qualité d'héritier propriétaire
lui sera définitivement acquise ; on le considèrera
comme ayant accepté tacitement. La prescription
le maintiendra dans l'état où il est, il avait besoin
de renoncer, elle lui fera perdre cette faculté (1).

(1) Cette solution est admise, sauf des différences de détail, notamment en ce qui concerne les délais, par les législations des pays
de l'Allemagne qui admettent la saisine, notamment en Prusse ; elle

Mais l'article 789 parle de la faculté « d'accepter ou de répudier ; » nous avons vu comment l'héritier peut perdre la faculté de répudier ; dans quel cas perdra-t-il celle d'accepter ? Y a-t-il une hypothèse où l'héritier doive faire un acte d'acceptation pour être investi de l'hérédité, acceptation à défaut de laquelle la prescription confirmant l'état dans lequel il se trouve, l'écartera définitivement de la succession ?

A notre avis, elle se rencontre dans le cas prévu par l'article 790 : « tant que la prescription du droit d'accepter n'est pas acquise contre les héritiers qui ont renoncé, ils ont la faculté d'accepter encore la succession, si elle n'a pas été déjà acceptée par d'autres héritiers ».

l'est également en Portugal. Dans la Saxe royale, la succession est réputée acceptée, si, dans le délai d'un an à partir du moment où il a eu connaissance de l'ouverture de la succession à son profit, l'héritier n'a pas fait connaître ses intentions : sur la demande des créanciers héréditaires, des légataires et de ceux qui arriveraient à la succession à défaut des héritiers appelés tout d'abord, le tribunal du lieu où la succession s'est ouverte met les héritiers en demeure de s'expliquer dans un délai raisonnable — de deux mois au moins — sur le point de savoir s'ils entendent accepter ou non la succession, et ce, sous peine d'être déchus de leurs droits, sans autre formalité, à l'expiration du délai. Dans les nombreuses législations suisses, le principe est que celui qui a laissé passer les délais est renonçant ; cependant, dans le canton de Zurich, si l'héritier reste trente jours dans l'inaction, on peut le considérer comme ayant accepté ; le tribunal peut, s'il y a lieu, accorder une prolongation de délai. — Dans son article 943, qui correspond à notre article 789, le législateur italien a terminé la controverse que soulève cet article en déclarant perdue par l'expiration de trente ans la faculté d'accepter. M. Huc critique cette solution, pour un pays qui admet la théorie de la saisine ; la controverse est tarie, mais la solution ne paraît guère juridique. — En Espagne, nul n'est contraint d'accepter, et l'inaction rend le successible étranger à la succession.

L'héritier qui s'est rendu étranger à la succession, a, par une faveur spéciale, le droit de revenir sur sa renonciation, au moyen d'une acceptation ; c'est certainement à ce droit qu'il a placé dans l'art. 790, que le législateur songeait en écrivant l'art. 789. La juxtaposition de ces deux articles rend notre solution des plus probables, outre la très grande difficulté qu'il y a à trouver un autre cas où l'héritier ait besoin d'un acte d'acceptation pour éviter d'être déclaré exclu de la succession. Si donc l'héritier qui s'est rendu étranger à la succession ne bénéficie pas des dispositions de l'art. 790, au bout de trente ans il aura acquis définitivement cette qualité et ne pourra plus accepter.

Cet article 789 a donné lieu à de nombreuses discussions, il a été interprété des façons les plus diverses.

Dans un premier groupe, on modifie ou on mutile le texte de notre article : pour les uns, l'héritier sera toujours acceptant, comme si la loi s'était bornée à dire : « la faculté de renoncer se prescrit ». En sens inverse, d'autres l'interprètent comme s'il y avait simplement : « la faculté d'accepter se prescrit » et décident qu'on doit déclarer l'héritier renonçant. D'autres interprètes admettent que l'héritier doit être réputé tout à la fois acceptant et renonçant suivant l'intérêt des personnes vis-à-vis desquelles il se trouve, comme si la loi avait dit : « la faculté d'accepter *et* de répudier se prescrit ».

Cette façon de modifier les textes ne peut pas être

admise; le seul moyen d'expliquer cet article en restant fidèle à la lettre de la loi, est d'admettre, comme nous l'avons fait, que la prescription dont il est question s'applique, suivant les circonstances, tantôt à la faculté d'accepter, tantôt à celle de répudier.

Un premier système nous propose alors de considérer l'héritier comme acceptant, s'il est poursuivi par les créanciers de l'hérédité; comme renonçant, lorsque la succession a été appréhendée par des successibles d'un degré éloigné. Mais, d'après ce système, il pourrait arriver que l'héritier fût tout à la fois déchu de la faculté de renoncer par des créanciers, et déchu de la faculté d'accepter par des successibles d'un degré subséquent, résultat évidemment inadmissible.

Enfin, signalons un système qui paraît être celui de la jurisprudence, qui fait dépendre la solution de l'intervention d'un successible de degré subséquent. Un de ceux-ci a-t-il appréhendé la succession avant l'expiration des trente ans; une fois le délai passé, l'héritier est déchu, la faculté d'accepter est prescrite. Si l'hérédité n'a pas été appréhendée, c'est la faculté de renoncer qui est perdue. Il existe bien d'autres systèmes sur cette question, mais nous ne pouvons les signaler tous.

De même que l'héritier, la femme qui n'exerce pas son droit d'option l'aura perdu au bout de trente

ans ; comme lui, elle sera, en principe, définitive.
ment acceptante.

La femme est présumée acceptante tant qu'elle
n'a pas renoncé, car la renonciation ne se présume
pas (art. 1459 et 784) ; et elle se suppose d'autant
moins ici qu'il s'agit d'une femme commune de
nom, et qui a été associée de fait jusqu'au décès de
son mari. Si donc la femme laisse écouler trente ans
sans faire cesser cette présomption, elle est censée
avoir préféré irrévocablement l'acceptation (1).

Ainsi, les créanciers dont le droit n'est pas éteint,
pourront actionner la femme comme commune, et
elle ne sera pas fondée à leur opposer qu'elle renonce. Elle a perdu, par son silence pendant trente
ans, le droit d'exercer son option, c'est-à-dire de renoncer. De même elle pourra se retourner après
trente ans contre les héritiers du mari pour réclamer sa part de la communauté, sauf la faculté pour
ceux-ci de lui opposer les droits que la prescription
leur aura fait acquérir : dans la subtilité du droit, la
femme n'en sera pas moins commune.

Mais si la femme peut, comme l'héritier, exercer
son droit d'option pendant trente ans, elle ne lui est
complètement assimilable que pendant un certain
délai ; pour conserver son droit de renoncer au-delà
de trois mois et quarante jours, elle doit avoir fait
un inventaire des biens de la communauté, tandis

(1) Rodière et Pont, I, 880.

que l'héritier n'est pas soumis à cette obligation.

Le système de la loi est le suivant :

1° La femme peut renoncer dans les trois mois de la dissolution de la communauté, sans avoir au préalable fait inventaire. La coutume de Paris exigeait dans tous les cas, de la femme qui veut renoncer, la confection d'un inventaire, et Merlin (*Rep.*, v° *Inventaire*, § 5, n° 3) a soutenu que les rédacteurs du Code ont voulu maintenir cette obligation. Mais son opinion doit être repoussée ; il est certain que les rédacteurs du Code ont voulu substituer un système nouveau à celui de la coutume de Paris. L'article 1456 dit que « la femme survivante qui veut *conserver* la faculté de renoncer », doit faire un inventaire, d'où on doit conclure qu'elle peut renoncer à la communauté dans les trois mois sans faire un inventaire, et qu'elle ne doit faire cet inventaire que lorsqu'elle veut *conserver* cette faculté au-delà de ces trois mois.

2° La femme peut renoncer après les trois mois de la dissolution de la communauté et pendant trente ans à dater de cette dissolution, à condition d'avoir fait inventaire (art. 1456).

3° La femme ne peut plus renoncer après les trois mois si elle n'a pas fait d'inventaire ; elle reste définitivement acceptante, comme s'il s'était écoulé trente ans. Cette solution paraît résulter très positivement de l'article 1456, aux termes duquel « la

femme survivante qui veut conserver la faculté de
renoncer doit, dans les trois mois du jour du décès
du mari, faire faire un inventaire... » et plus nettement peut-être encore de l'article 1450, où on dit :
« La veuve qui n'a point fait sa renonciation dans le
délai ci-dessus prescrit (c'est-à-dire dans le délai de
trois mois et quarante jours (art. 1459), n'est pas
déchue de la faculté de renoncer si elle ne s'est pas
immiscée et qu'elle ait fait inventaire » ; donc, i
elle n'a pas fait inventaire, elle est déchue de la
faculté de renoncer. — En vain, dit-on que le texte
cité en dernier lieu n'exige pas que l'inventaire soit
fait dans les délais ; que, par conséquent, la femme
qui fait son inventaire, même après l'expiration du
délai, n'est pas déchue de la faculté de renoncer. —
D'abord, en supposant que l'article 1459 ne dise pas
que l'inventaire doit, à peine de déchéance, être fait
dans les délais, cela n'aurait pas grande importance ;
car, l'article 1456 l'ayant déjà dit, il a pu paraître inutile de le répéter. Mais la vérité est que l'article 1459
le dit aussi. — Prenons la femme au moment où le
délai pour faire inventaire et délibérer vient à expi-
rer, et appliquons-lui l'article 1459 ; que porte-t-il ?
Que la femme n'est pas déchue de la faculté de
renoncer, si elle a fait inventaire ; donc, elle l'est et
d'une manière irrémédiable apparemment, si elle
n'a pas fait inventaire. Tout ce que l'on pourrait
induire des termes de l'article 1459, c'est qu'il
considère comme suffisant l'inventaire fait dans les
quarante jours accordés pour délibérer ; et encore ce

tempérament ne paraîtrait-il pas devoir être admis
comme étant contraire à l'article 1456, qui exige
que l'inventaire soit fait dans le délai de trois mois.
— En vain se prévaut-on aussi de ce que l'héritier,
qui n'a pas fait inventaire dans les délais, conserve,
aux termes de l'article 800, « la faculté de faire
encore inventaire et de se porter héritier bénéficiaire... » — Il nous paraît certain que les articles 1456 et 1459 font une situation différente à la
veuve, en ce sens qu'ils ne lui permettent pas de
faire utilement, au point de vue de sa renonciation,
un inventaire tardif.

La veuve, dit-on, pour justifier cette différence,
est en possession des biens de la communauté, tandis que l'héritier ne possède pas, le plus souvent
du moins, les biens de la succession ; des détour-
nements sont donc plus à craindre de la part de la
veuve, et on conçoit que la loi se soit montrée plus
exigeante envers elle, en l'obligeant, si elle veut
conserver la faculté de renoncer, à faire inventaire
dans un délai très bref, parce qu'un inventaire
tardif n'offrirait plus de garanties suffisantes aux
créanciers.

Ces raisons sont certainement celles qui ont guidé
le législateur, mais elles nous paraissent insuffisan-
tes pour justifier cette différence. Pourvu que l'inventaire soit bon et fidèle, qu'importe l'époque où
il sera rédigé, il y a là une simple question de fait ;
c'est aux créanciers à veiller à leurs intérêts, soit en

provoquant un inventaire qui tarde, soit en le cons-
testant s'ils le jugent frauduleux.

En second lieu, on peut aisément se rendre
compte que la différence entre l'héritier et la femme
n'est qu'apparente, l'héritier étant presque toujours
en possession des biens du défunt au moment de sa
mort. En effet, si c'est un descendant, ou un très
proche parent, il vit le plus souvent avec le *de cujus*, sous un même toit ; et si c'est un successible
d'un degré plus éloigné, on sait avec quelle sollici-
tude empressée un héritier présomptif se rend au
chevet d'un parent en danger de mort ; de sorte
qu'il est, en pratique très rare, que l'héritier ne soit
pas en possession des objets de la succession d'un
détournement facile ; les dangers sont les mêmes
dans un cas comme dans l'autre.

La loi est formelle : pour conserver son droit
d'option, la femme doit faire un inventaire dans
un certain délai. Nous avons vu que c'est là un
progrès sur l'ancien Droit, où elle était dans tous
les cas tenue à cette formalité. Il n'y aurait pour
nous aucun inconvénient à aller plus loin dans cette
voie et à accorder à la femme les mêmes faveurs
qu'à l'héritier, en lui permettant de faire utilement
inventaire à toute époque et même en l'en dispen-
sant complètement.

Quoique l'article 1483 soit muet à cet égard, la
jurisprudence et les auteurs sont d'accord pour déclarer que les mêmes conditions sont nécessaires

pour conserver à la femme son bénéfice d'émolument (1).

Il y aurait pourtant d'excellentes raisons de décider le contraire. Sans doute, on ne saurait laisser à la femme la faculté de dresser l'inventaire d'une façon quelconque, à une époque quelconque. Un inventaire fait trop longtemps après la dissolution de la communauté, n'offrirait pas des garanties suffisantes de fidélité et d'exactitude pour les créanciers, mais c'est là une pure question de fait : c'est aux tribunaux à apprécier dans chaque espèce, si l'inventaire réunit les conditions d'exactitude suffisantes et à trouver un élément de décision dans la longueur du laps de temps écoulé depuis la dissolution de la communauté. — Peut-on dire que le fait d'avoir laissé écouler le délai de trois mois et quarante jours constitue une présomption de fraude de la part de la femme ? Evidemment non ; il faudrait décider de même, en bonne logique, à l'égard de l'héritier bénéficiaire ; or, l'article 800 accorde formellement à ce dernier le droit de procéder à la confection de l'inventaire, même après l'expiration des délais.

D'autre part, aucun délai n'est fixé par l'article 1483, et on ne saurait arbitrairement créer une déchéance. Sans doute, on trouve le délai de trois mois indiqué à plusieurs reprises pour la confection de l'inventaire ; mais l'expiration de ce délai ne prive

(1) Aubry et Rau, § 520, texte et note 8; auteurs et arrêts cités à la note.

pas en principe la femme de son droit d'option. Quand le Code veut infliger une déchéance à raison du défaut de confection d'un inventaire dans un certain délai, il le dit formellement: c'est ainsi que l'article 1456 exige de la femme survivante un inventaire dans les trois mois, pour conserver le droit de renoncer.

Mais l'article 1483, qui organise le bénéfice d'émolument, ne présente rien de semblable, et n'est-il pas excessif d'étendre en ce cas une disposition exceptionnelle comme celle de l'article 1454 ?

La jurisprudence s'est quelquefois relâchée de la rigueur des délais prescrits par la loi, soit pour faire inventaire, soir pour délibérer. Ainsi, par exemple, il a été jugé que, lorsque l'état de la communauté ne pouvait être connu de la femme que par le compte, rendu par le mari, les délais ne devaient courir que du jour de la reddition du compte de la part du mari (Cassation, 2 déc. 1834). De même il a été admis que la femme peut encore renoncer à la communauté si l'inventaire a été fait peu de temps après l'expiration du délai légal. Ces décisions sont contraires à la loi. S'il y a des circonstances qui empêchent la femme de faire ou d'achever l'inventaire, elle peut user de la faculté qu'elle a d'obtenir une prorogation.

D'après un arrêt du 19 mars 1878 (1), il n'est pas nécessaire que les héritiers de la femme dient fait

(1) Sirey, 1878, 1,355.

inventaire dans les trois mois pour conserver le
droit de renoncer à la communauté après l'expiration des délais pour faire inventaire et délibérer. Il
y aurait donc sur ce point une différence entre la
femme et ses héritiers, différence qui trouverait son
explication dans cette circonstance que les héritiers
ne possèdent pas les biens de la communauté, et
que, par suite, on a moins à craindre les détourne-
ments de leur part que de la part de la femme.
L'article 1466 paraît, au premier coup d'œil, en disposer autrement : « Dans le cas de dissolution de la
communauté par la mort de la femme, ses héritiers
peuvent renoncer à la communauté dans les délais
et dans les formes que la loi prescrit à la femme
survivante. » Mais on peut dire que les mots *dans
les formes*, ne se réfèrent qu'au mode de renonciation prescrit par l'article 1457, à la déclaration faite
au greffe : l'inventaire n'est ni un délai, ni une
forme de la renonciation, c'est simplement une condition de cet acte quand il est accompli par la
femme, condition que le texte n'exige pas quand
l'acte émane des héritiers. Enfin, quelle raison y
aurait-il d'exiger un inventaire de la part d'héritiers
d'une femme prédécédée, tandis qu'on n'y assu-
jettit ni la femme divorcée ni la femme séparée de
corps ?

Cette solution a pour elle l'autorité de Pothier ;
les travaux préparatoires sont douteux et fournis-
nissent des arguments contradictoires ; une bonne
partie de la doctrine la rejette formellement ; pour

nous, nous ne saurions qu'approuver cette tendance de la jurisprudence à élargir les dispositions trop restrictives du Code en cette matière.

La question de conservation du droit d'option une fois réglée, il reste pour principe que la femme peut opter pendant trente ans, et que l'expiration de ce délai la confirme dans son état de commune ; elle est acceptante définitive.

L'article 1463 apporte à ce principe une dérogation formelle : si la communauté est dissoute par la séparation de corps ou le divorce, la femme est réputée renonçante, et comme conséquence, si elle n'accepte pas dans les délais, la prescription aura pour effet de la constituer définitivement comme telle. Cette renonciation n'exige donc ni inventaire, ni déclaration au greffe.

La femme peut faire inventaire pour s'éclairer sur la convenance d'accepter ou de renoncer, mais elle n'est pas tenue de le faire. C'est que, dans ce cas, le mari existant encore, est resté en possession de tous les effets de la communauté ; il n'y a donc ni confusion possible, ni crainte d'immixtion de la part de la femme, comme dans le cas de prédécès du mari ; de plus, la loi ne veut pas le forcer à faire un procès à sa femme pour l'obliger à prendre qualité.

Mais la femme n'est renonçante qu'en vertu d'une présomption légale ; le texte le montre bien ; car il ne dit pas qu'elle est *déclarée renonçante*, mais qu'elle est *censée avoir renoncé*, expressions qui caractérisent bien une présomption. D'après la théorie des présomptions, une présomption légale peut être combattue par les preuves contraires, quand on ne se trouve pas dans les conditions de l'article 1352 ; par conséquent, la femme pourrait détruire l'effet de la présomption en faisant acte d'acceptation. De même que la veuve présumée acceptante peut renoncer, de même la femme séparée de corps, présumée renonçante, peut accepter ; dans les deux cas, son droit ne sera prescrit que par l'expiration du laps de trente ans.

Mais il existe deux autres cas de dissolution de la communauté ; la séparation de biens, et, dans une certaine mesure, l'absence, causes à propos desquelles la loi ne s'explique pas ; que décider en pareil cas, comment règlera-t-on la position de la femme ?

Et d'abord que décider dans le cas de dissolution de communauté par la séparation de biens ? La femme étant copropriétaire des biens de la communauté, nous avons vu qu'en principe il faut de sa part une manifestation formelle de volonté pour lui faire perdre cette qualité. La question est de savoir si l'article 1463, qui apporte une exception à ce principe, doit être étendu au cas qui nous occupe.

Cet article prononçant une déchéance doit être interprété restrictivement : le silence du législateur à l'endroit de la femme séparée de biens semble être intentionnel, parce qu'il est difficile de suppo-

ser que l'hypothèse de la femme séparée de biens
ne se soit pas présentée à son esprit, quand il a
parlé de la femme divorcée et de la femme séparée
de corps ; on doit en conclure que l'article 1463 ne
s'applique pas à la femme séparée de biens. Elle
serait présumée acceptante, conformément au droit
commun, si elle laissait passer les délais sans se
prononcer. La solution contraire est admise par
la presque unanimité de la doctrine. Il y a, dit-on,
même motifs, c'est le mari qui est en possession,
qui a tout, si la femme s'abstient, c'est qu'elle entend renoncer. On se fonde, en outre, sur ce que
la communauté étant presque toujours mauvaise en
cas de séparation de biens, il y a un *à fortiori* pour
appliquer à la femme séparée de biens la présomption de renonciation que la loi établit relativement
à la femme séparée de corps. Nous répondons que
les présomptions légales ne s'étendent pas d'un cas
à un autre, même en vertu d'un argument *à fortiori*, surtout lorsqu'elles aboutissent à une déchéance. On doit remarquer, en outre, que l'article 874 du Code de procédure prescrit formellement
pour la femme séparée de biens une renonciation
au greffe, ce qui implique que la renonciation ne
peut pas résulter de la seule inaction pendant les
trois mois et quarante jours.

M. Colmet de Santerre a soutenu que la question
n'existe pas. La femme doit exécuter le jugement,
ou tout au moins commencer des poursuites afin
d'exécuter dans les quinze jours à partir du jugement

(art. 1444). Si la femme reste trois mois et quarante jours sans se prononcer, la séparation de biens est nulle, la communauté n'a pas cessé d'exister. Cela sera presque toujours vrai, cependant la question pourra se poser quelquefois. La loi exige seulement que les poursuites soient commencées dans la quinzaine ; elle ajoute, il est vrai, qu'elles ne doivent pas être interrompues, mais elle ne fixe pas de délai dans lequel les poursuites doivent être terminées. Or, on peut concevoir qu'une femme qui a obtenu la séparation de biens se borne à poursuivre d'abord le payement de ses reprises, qui lui sont dues quelque parti qu'elle adopte, et que les trois mois et quarante jours se passent sans qu'elle se soit prononcée, et alors nous sommes dans la question ; nous devons convenir que le cas se présente rarement.

L'absence, si prolongée qu'elle soit, n'est point par elle-même une cause de dissolution de la communauté, et voilà pourquoi l'article 1441 ne la mentionne pas. Cependant, il résulte des articles 124 et 129 que le régime de l'absence exerce sur la communauté une grande influence. Dans la période de l'envoi en possession provisoire, l'époux présent peut opter pour la dissolution de la communauté ; alors la communauté est provisoirement dissoute et l'époux présent exerce ses reprises et tous ses droits à la charge de donner caution pour les choses susceptibles de restitution. Enfin, dans la période de l'envoi en possession définitif, la communauté est définitivement dissoute, lors même que l'époux présent aurait opté pour sa continuation.

En l'absence de texte spécial, nous pensons qu'on doit appliquer strictement les principes : la femme ou ses héritiers ne peuvent perdre leurs droits à la communauté, que dans les formes ordinaires, par une déclaration formelle ; à défaut, ils sont acceptants.

CHAPITRE III

De l'exception dilatoire.

L'héritier ou la femme devant nécessairement prendre un parti, la loi a accordé un délai pendant lequel ils pourront réfléchir en toute tranquillité, pendant lequel ils jouiront du calme nécessaire pour prendre un parti à bon escient. A tous ceux, créanciers, copartageants, légataires, etc., qui exerceraient quelque action contre eux, en leur qualité d'héritiers ou de femme commune, ils opposeraient l'exception dilatoire qui leur est accordée par l'article 174 du Code de procédure. Cette exception leur permet de jouir en paix du délai que la loi leur accorde pour faire inventaire et pour délibérer, en obligeant les intéressés à suspendre leurs poursuites jusqu'à son expiration.

Non seulement ils pourront, à la faveur de l'exception dilatoire, prendre parti en toute tranquilité, mais encore ils pourront prendre une connaissance plus approfondie des affaires de la succession ou de la communauté, et ils connaîtront ainsi tous les

moyens et tous les éléments de la défense, pour le
cas où ils auront à en user.

Pour faire cet examen, la loi accorde à l'héritier
ou à la femme un délai de trois mois pour la confection de l'inventaire et un délai de quarante jours
pour délibérer à partir du jour de la clôture de l'inventaire. Si ces délais sont insuffisants, le juge
pourra accorder des délais supplémentaires pendant lesquels ils jouiront encore de l'exception dilatoire.

Mais ce bénéfice de l'exception dilatoire n'est accordé qu'à l'ayant droit qui n'a pas pris encore qualité et qui se trouve dans les délais : Si donc il a
pris parti avant l'expiration des délais, soit qu'il se
trouve suffisamment édifié, soit pour toute autre
raison, toutes les actions peuvent être poursuivies
contre lui, sans qu'il y ait lieu à d'autres délais que
ceux de la procédure ordinaire. « En d'autres termes,
» comme dit M. Boitard, l'exception dilatoire n'a de
» sens et de force que dans la bouche de celui qui
» a conservé l'intégrité de son option (1). »

L'héritier ou la femme légitimement assignés
n'éviteront la condamnation qu'à la condition d'opposer l'exception dilatoire avant toute défense au
fond (art. 174, 186 Pr.). La défense au fond, constituerait de leur part un acte d'héritier ou de femme
commune qui, non seulement autoriserait à les con-

(1) Dalloz, *Répertoire*, v° *Exceptions*, n° 362.

damner, en cette qualité, mais qui, à tout évènement, leur imprimerait ce titre.

Mais l'exception dilatoire serait sans objet et, par suite, ne pourrait pas être opposée, dans les cas où la demande n'exigerait pas que, pour y répondre, l'ayant droit prenne parti : telles seront les demandes par lesquelles des intéressés demandent au tribunal d'astreindre le successible à effectuer des actes conservatoires ou de simple administration, actes que le successible ou la femme peuvent faire sans modifier leur position, sans perdre le droit d'option.

Quel intérêt auront les créanciers et autres intéressés à introduire une demande qui sera aussitôt paralysée ? Ne serait-il pas plus simple de leur retirer momentanément le droit d'agir ? L'exception dilatoire ne porte aucune atteinte à la demande : celle-ci est régulièrement formée, son examen seul est retardé. L'ajournement a interrompu le cours de la prescription et a ouvert le cours des intérêts moratoires.

S'il est bon de permettre à l'héritier ou à la femme de réfléchir en paix, il eût été excessif de priver ceux qui ont des droits contre eux du droit d'exercer immédiatement leur action et d'empêcher ainsi une prescription de se terminer, ou de faire courir des intérêts. Il suffisait donc de suspendre le cours régulier de l'action, tout en maintenant tous les effets de droit qui y sont attachés : c'est ce qu'a fait le législateur.

L'expiration des délais, tant légaux que judiciaires, n'a pas d'autre effet que de priver le défendeur
du bénéfice de l'exception dilatoire. Il pourra donc
prolonger indéfiniment ses délibérations si personne
ne l'attaque ; tant que la prescription n'aura pas
définitivement fixé sa situation, il sera encore à
temps pour exercer son droit d'option dans tel sens
qu'il lui plaira ; il pourra, par conséquent, même
accepter sous bénéfice d'inventaire ou renoncer.
Mais s'il est poursuivi, il sera légalement tenu de
s'expliquer, de dire quelle qualité il entend prendre
désormais ; il ne peut plus légalement garder le
silence à l'abri de l'exception dilatoire. L'action
suivra son cours et le juge le condamnera, inter-
prétant son silence en faveur de l'acceptation.

La décision judiciaire qui condamne le successible
ou la femme comme ayant accepté, ne lui imprime
la qualité d'acceptant que lorsqu'elle a acquis l'autorité définitive de la chose jugée. Jusque-là le
défendeur peut remettre tout en question en atta-
quant la décision judiciaire et exercer son option
dans tel sens qu'il lui plaira, tant que le débat n'est
pas définitivement clos.

Mais si nous supposons que l'adversaire a définitivement triomphé, la femme ou l'héritier qui a été
déclaré acceptant vis à vis de lui aura-t-il cette qualité *erga omnes ?* ou, au contraire, pourra-t-il
renoncer ou se prévaloir du bénéfice d'inventaire à
l'égard des tiers qui n'ont pas été parties au procès ?

Cette question doit être résolue au moyen de

l'article 1351 qui a fait passer dans le **Code** civil cette règle que *res inter alios judicata tertio, nec nocere, nec prodesse potest.*

De même que les conventions (art. 1165), les jugements n'ont l'autorité de la chose jugée qu'entre les parties qui sont juridiquement les mêmes que celles entre lesquelles ils ont été rendus.— Cette règle s'applique activement et passivement, non seulement aux matières dans lesquelles différentes personnes peuvent avoir un intérêt ayant le même fondement juridique, par exemple entre plusieurs cohéritiers ou plusieurs copropriétaires, ou co-débiteurs, ou cocréanciers d'une chose ou d'une dette commune, mais aussi aux jugements qui statuent sur des questions d'état, et aux jugements qui attribuent une qualité quelconque à l'une des parties.

Nous dirons donc, par application de ces principes, que la femme commune ou l'héritier condamnés comme tels n'auraient cette qualité qu'à l'égard de celui qui a obtenu le jugement contre eux, et que, à l'égard des tiers, ils conservent la faculté de renoncer.

Tout en admettant le principe que le jugement n'a d'effet qu'entre les parties, on peut, dans l'application de ce principe, faire les distinctions suivantes :

1° Le jugement est par défaut, et il n'est pas même certain que l'héritier en a eu connaissance ; il ne peut pas être invoqué par les tiers;

2° Il est contradictoire, et il porte précisément sur la question de savoir si le successible a accepté la succession ou non ; il ne peut pas être invoqué par les tiers.

3° Il est définitif, sans recours ; comme dans les deux cas précédents, ce jugement n'a d'effet qu'entre les parties ; à l'égard des tiers, le défendeur garde son droit d'option intact.

4° Mais si l'objet du débat était une dette héréditaire ou de la communauté, le fait d'y défendre sans réserve constituerait un acte d'immixtion, et le droit de renoncer serait perdu à l'égard de tous. Mais il faut remarquer, ici, que les tiers auraient à invoquer la procédure et non le jugement, et qu'ils pourraient le faire même dans le cas où le défendeur aurait gagné son procès.

5° Enfin, il faut envisager le cas où il existe un jugement de condamnation susceptible d'appel. Si le défendeur condamné y a acquiescé expressément ou tacitement, en l'exécutant ou en n'appelant pas, il fait par cela même acte d'acceptant, et cet acquiescement peut-être invoqué par les tiers. C'est à cette hypothèse particulière que songeaient les rédacteurs du Code en écrivant l'alinéa final de l'article 800, texte qui a donné lieu à une si grosse controverse. « Il » fallait bien regarder comme ayant accepté, a dit » M. Muraire, celui qui a laissé passer le jugement » en force de chose jugée ; par son silence, il a » suffisamment manifesté sa volonté. »

Mais encore ici il faut remarquer que ce n'est pas l'autorité du jugement que l'on doit considérer ; c'est le consentement tacite résultant du silence volontaire de la personne qui s'est laissé imprimer sans réclamation le caractère d'acceptant pur et simple. Ce n'est pas parce qu'il y a *res judicata* qu'on doit la considérer comme telle, c'est parce qu'il y a *res confessa*.

Nous pensons donc que, dans l'un et l'autre cas, on doit appliquer le principe de l'autorité relative de la chose jugée. Ce point est universellement admis quant à la femme : « La femme qui a été » condamnée comme commune, disent, sans notes » ni commentaires, MM. Aubry et Rau (1), par un » jugement passé en force de chose jugée, au paie- » ment d'une dette commune, ne peut plus répudier » la communauté au préjudice du créancier envers » lequel elle a été condamnée; mais elle conserve, » malgré cela, la faculté d'y renoncer à l'égard des » autres créanciers. »

Mais il n'en est pas de même quant à l'héritier, et la partie finale de l'article 800 a donné lieu à une controverse que nous ne pouvons qu'indiquer ici :

On a soutenu, d'abord, que le jugement passé en force de chose jugée, qui condamne le successible comme héritier pur et simple lui imprimerait cette qualité *erga omnes :* l'article 800 apporterait une

(1) Aubry et Rau, § 517, alinéa 6, *in fine.*

exception formelle au principe de l'article 1351. Ce système se base sur la prétendue indivisibilité de la qualité d'héritier, sur la théorie du contrat judiciaire et sur l'inutilité de la partie finale de l'article 800 dans les autres systèmes.

MM. Aubry et Rau enseignent que l'art. 800 a pour but d'empêcher le successible condamné qui a fait l'inventaire postérieurement au jugement, de se prévaloir, vis-à-vis de celui qui l'a fait condamner, des effets attachés au bénéfice d'inventaire.

M. Valette voit dans cette condamnation un terme fatal, passé lequel le successible ne pourra plus exercer son droit d'accepter bénéficiairement, non seulement vis-à-vis du créancier qui l'a fait condamner, mais *erga omnes*. Nous ne pouvons pas entrer dans la discussion de ces opinions, mais on pourra se reporter avec fruit à un article remarquable de M. Valette, où il épuise la question (1).

Pour nous, nous nous en tenons à l'opinion que nous avons déjà exposée : Pothier enseignait que le jugement de condamnation ne peut être opposé à l'héritier par les créanciers ou légataires qui n'ont pas été parties dans ce jugement, parce que c'est un principe de droit qu'un jugement ne fait loi qu'entre les parties entre lesquelles il a été rendu (2)

Les opinions des auteurs du Code civil étaient

(1) *Revue étrangère*, 1842, tome IX, p. 257.
(2) Pothier, *Successions*, ch. III, dernier alinéa.

très divisées. Le projet primitif (liv. II, art. 87) contenait une disposition ainsi conçue : « Celui » contre lequel un créancier de la succession a » obtenu jugement contradictoire passé en force de » chose jugée, qui le condamne comme héritier, » est réputé avoir accepté la succession.

» Si le jugement passé en force de chose jugée » n'a été rendu que par défaut, la condamnation, » obtenue par un créancier seul, ne profite pas aux » autres ».

Dans le projet soumis au Conseil d'Etat, il y avait une disposition en sens contraire. L'article 67 de ce projet portait : « Celui contre lequel un créan- » cier de la succession a obtenu un jugement, » même contradictoire passé en force de chose ju- » gée, qui le condamne comme héritier, n'est » réputé héritier, en vertu de ce jugement qu'à » l'égard seulement du créancier qui l'a ob- » tenu ».

Un grand nombre de membres du Conseil d'Etat prirent part à la discussion sur le principe à adopter. Berlier lut l'article 243 du projet sur l'effet de la chose jugée, devenu plus tard l'article 1351 du Code, et il déclara que si cet article passait, comme il l'es- pérait, on pourrait supprimer comme inutile l'ar- ticle 67 en discussion. Le Conseil d'Etat vota le retranchement de cet article (1).

(1. Locré, IX, 103, 108.

Le Conseil a donc admis l'opinion que, conformément aux principes généraux sur la chose jugée,
le jugement ne doit avoir d'effet qu'entre les parties, et que l'héritier n'est réputé héritier pur et
simple qu'à leur égard.

CHAPITRE IV

Formes de l'option.

FORMES DE L'ACCEPTATION. — L'article 778, au titre des Successions, porte que « l'acceptation peut être expresse ou tacite. » La formule de cet article n'est pas reproduite au titre de la Communauté, mais il est également admis, d'une façon unanime, que l'acceptation d'une communauté peut être également expresse ou tacite (1). « Les règles sur les » divers modes d'acceptation d'une succession, » disent MM. Aubry et Rau, sont, en général, éga- » lement applicables à l'acceptation d'une commu- » nauté de biens entre époux ».

Acceptation expresse — « L'acceptation est expresse, dit l'article 778, quand on prend le titre ou la qualité d'héritier dans un acte authentique ou

---

(1) Aubry et Rau, § 517, note 8 ; Arntz, II, 728 ; Baudry-Lacantinerie, III, 198.

privé » et l'article 1455 : « la femme majeure qui a pris dans un acte la qualité de commune, ne peut plus y renoncer ni se faire restituer contre cette qualité, quand même elle l'aurait prise avant d'avoir fait inventaire ».

D'où il résulte que l'acceptation expresse tant d'une succession que d'une communauté, ne peut pas résulter d'une simple déclaration orale ; il faudra qu'elle soit consignée dans un acte, soit authentique, soit sous seing-privé, soit judiciaire, soit extrajudiciaire. Il n'y a pas de formule sacramentelle, et pourvu que la volonté d'accepter soit nettement exprimée, il importera peu que ce soit sous la forme d'une périphrase.

Mais il faut que cette volonté soit non équivoque ; on ne pourra pas, en conséquence, se prévaloir d'une simple lettre missive dans laquelle l'ayant droit peut ne pas avoir surveillé ses expressions plus qu'il ne l'aurait fait dans une conversation. On pourrait cependant s'en prévaloir dans des cas évidents, comme si la lettre est adressée à un cohéritier ou à un créancier de la succession ou de la communauté en qualité d'acceptant.

La simple intention, manifestée d'une manière quelconque, de se porter acceptant, ne suffirait pas, pas plus que le fait de n'avoir pas protesté contre cette qualification.

L'acceptation expresse est plutôt le résultat d'une présomption attachée par la loi au fait de prendre le titre d'héritier, ou de femme commune, qu'une

manifestation formelle de volonté de la part de
l'ayant droit. Si donc celui-ci a fait des réserves, ou
s'il est évident qu'il s'est servi d'expressions qui ont
dépassé sa pensée, il ne sera pas réputé acceptant ;
tel est le cas de celui qui a pris le titre d'héritier
dans le sens d'habile à succéder (1).

Acceptation tacite.— C'est celle qui a lieu *facto*.
« L'acceptation est tacite, dit l'article 778, quand
l'héritier fait un acte qui suppose nécessairement
son intention d'accepter, et qu'il n'aurait droit de
faire qu'en sa qualité d'héritier. » L'article 1454, de
son côté, s'exprime ainsi : « La femme qui s'est
immiscée dans les biens de la communauté ne peut
y renoncer. » Et il ajoute : « Les actes simplement
administratifs et conservatoires n'emportent pas
immixtion. • Ces deux articles reproduisent exactement la même idée, mais on doit reconnaître que
les articles 778 et 779 sont mieux rédigés que l'article 1454, et on doit s'y référer pour bien préciser le
caractère des actes qui entraîneront acceptation de
communauté.

Les actes « d'immixtion » doivent être tels qu'ils
supposent chez leur auteur la volonté d'accepter, et
qu'on ne puisse apercevoir d'autre raison pour
laquelle on les aurait accomplis. Tout acte juridique
qu'on aurait pu faire en une autre qualité, n'emporte
pas acceptation tacite.

(1) Aubry et Rau, 611 *bis*, note 6.

Il existe, en effet, toute une série d'actes d'administration et de conservation que l'héritier ou la femme peuvent faire sans se compromettre parce qu'ils sont supposés avoir agi dans l'intérêt de tous ceux qui ont des droits sur la succession ou la communauté, et qu'il s'agit d'actes urgents. Tels sont une interruption de prescription, des réparations urgentes, des locations pour les termes d'usage, etc.

Mais tout acte par lequel on dispose de l'hérédité ou de sa part de communauté, en tout ou en partie, soit en la faisant passer à ceux qui n'y avaient pas droit, soit en s'en faisant payer le prix par ceux qui y ont droit, à défaut du disposant, soit enfin en l'attribuant à qui que ce soit, à titre de donation, est un acte de propriétaire qui constitue une acceptation.

Il faut expliquer ainsi l'effet attribué par la loi :

1° A la donation, la vente ou le transfert des droits de l'héritier ou de la femme, quelle que soit la personne du donataire, de l'acheteur ou du cessionnaire ;

2° A la renonciation, même gratuite, si elle est faite au profit de personnes déterminées ;

3° A la renonciation non gratuite.

L'article 800 désigne spécialement ces actes comme emportant nécessairement l'intention d'accepter ; la chose est évidente dans les deux premières hypothèses : l'héritier ne peut disposer de l'hérédité qu'autant qu'il l'a réellement ; il en dispose en la transportant à un tiers ; il manifeste donc nécessairement l'intention d'accepter lorsqu'il aliène ses droits successifs. Mais il n'en est pas de même pour la troisième hypothèse, qui constitue une innovation dans notre Code civil, innovation qui n'a pas été approuvée par tout le monde.

D'après le Droit civil romain, la renonciation à une succession, faite moyennant un prix, n'était pas considérée comme une acceptation, « *fuit quæs-* » *tionis*, dit Ulpien (1), *an pro herede gerere* » *videatur, qui pretium hereditatis omittendæ* » *causa capit? et obtinuit hunc quidem non* » *gerere qui ideo accipit ne heres sit.* » Notre ancien Droit français avait adopté la même doctrine, et on y tenait pour certain que la renonciation faite *aliquo dato* n'emportait pas acceptation. « La rai- » son est, dit Ferrières (2), qu'il n'y a rien de plus » contraire à l'appréhension d'une succession, que ▪ la renonciation à icelle. » S'il s'élevait un doute, c'est lorsque le renonçant recevait, en paiement, des effets de la succession, « ce qui approche plus du partage, » disait Lebrun (3); dans ce cas, on décidait, d'après les circonstances, et on était porté à n'y voir encore qu'une renonciation, « car il ne paraît » pas, ajoutait Lebrun, que les parties ont voulu » faire un partage sous le titre d'un acte de renon- ▪ ciation; la dérivation de l'effet donné au renon-

---

(1) Digeste, f. 24, XXIX, 2.
(2) Ferrières, *Commentaire sur la Coutume de Paris*, sous l'article 317, *in fine*.
(3) Lebrun, *Successions*, liv. III, chap. III, sect. 2, n° 24.

» çant est peu importante, puisque, dès qu'il y a
» des héritiers purs et simples, les biens cessent
» d'être réputés de la succession et deviennent le
» patrimoine des héritiers. »

Cette ancienne doctrine était certainement conforme à l'intention des parties et à la vérité du fait.

D'une part, en effet, celui qui renonce, même moyennant un prix, n'a pas l'intention de devenir héritier, tout au contraire. Il reçoit précisément un prix *ne hæres sit* et ses cohéritiers ou les parents du degré subséquent n'ont certes pas l'intention de le reconnaître comme héritier.

D'autre part, il semble que le renonçant ne dispose pas non plus de la succession ; il se borne à l'abdiquer... « *prætermisit hæreditatem,* » il se retire, il laisse la place de manière à ce que les autres, soit ses cohéritiers, soit les héritiers du dégré subséquent, arrivent eux-mêmes, en vertu de leur propre vocation, comme si le renonçant n'avait jamais existé. En un mot, comme disait Pothier (1), le contrat qu'il fait avec eux n'est pas le contrat *do ut des*, c'est le contrat *facio ut des* : je me retire pour en laisser arriver d'autres, et je reçois le prix de ma retraite. Ceux qui viendront à ma place, se partageront la succession dans des proportions déterminées par la loi et non au prorata de ce qu'ils auront versé dans mes mains ; il pourra même arri-

---

(1) Pothier, *Successions*, chap. III, section 3, art. 1, § 1.

ver que certains d'entr'eux n'aient rien fourni, la somme ayant été payée par un seul, ou même par un tiers.

Quoiqu'il en soit, en matière de succession, la question est formellement réglée par l'article 780 et une telle renonciation constitue, de la part du prétendu renonçant, une disposition de ses droits successifs, et partant une acceptation.

Mais faut-il étendre ce texte en matière de communauté et faut-il déclarer acceptante la femme qui renonce au profit de tous les héritiers du mari, mais moyennant un prix ?

« Cette renonciation, dit Pothier (1), quoique
» faite pour de l'argent, n'est proprement ni une
» vente, ni une cession que la femme fasse de son
» droit, mais c'est un contrat *do ut facias*. Les hé-
» ritiers du mari ayant intérêt que la femme re-
» nonce à la communauté, lui donnent une somme
» d'argent pour la porter à faire cette renonciation,
» en conséquence, elle renonce à la communauté.
» Elle ne leur fait aucune cession de son droit à la
» communauté; cette cession étant inutile aux dits
» héritiers, puisque, sans aucune cession, par la
» seule renonciation de la femme, tous les biens de
» la communauté leur demeurent *jure non decres-*
» *cendi.* »

Devant le laconisme de l'article 1434 et en pré-

(1) Pothier, *Communauté*, n° 545.

sence d'une tradition aussi justifiée, il serait logique de déclarer une telle renonciation valable. Mais la presque unanimité de la doctrine et de la jurisprudence sont d'une opinion contraire.

« La femme n'a pu recevoir le prix de la cession
» qu'en sa qualité de commune; les héritiers du
» mari lui auraient-ils donné un prix si elle n'avait
» pas eu cette qualité? Il faut donc décider que la
» femme qui a reçu le prix de sa prétendue renon-
» ciation, est présumée avoir accepté la commu-
» nauté, et appliquer ici, comme dans les hypothèses
» précédentes, l'article 780 dont la disposition finale
» place au rang des acceptations tacites d'une suc-
» cession, la renonciation faite par un héritier, au
» profit de tous ses cohéritiers indistinctement,
» lorsqu'il reçoit le prix de la renonciation (1). »

On pourrait dire que le fait de l'héritier ou de la femme de divertir ou recéler un effet de la communauté ou de la succession constitue une acceptation tacite. Ce langage est inexact d'après nous, puisque nous attribuons aux dispositions des articles 792 et 1460 le caractère d'une pénalité civile; nous y voyons un cas d'acceptation forcée plutôt que d'acceptation tacite.

On peut dire que le fait de ne pas prendre parti dans le délai de trente ans emporte également acceptation tacite.

(1) Rodière et Pont, 1051; *Adde*, Bugnet, sur Pothier, t. VII, p. 292, note 2; Marcadé, V, sur 1454; Troplong, *Cont. de Mar.*, III, 1517; Dalloz, *Répert.*, 2112.

FORMES DE LA RENONCIATION : La renonciation à une succession ou à une communauté doit, en principe, être expresse : elle résulte d'une déclaration faite sur un registre qui leur est commun. « La renonciation à une succession, dit l'article 784, ne se présume pas; elle ne peut plus être faite qu'au greffe du tribunal de première instance, dans l'arrondissement duquel la succession est ouverte, sur un registre particulier, tenu à cet effet ». De son côté, l'article 1457 s'exprime ainsi : « La femme doit faire sa renonciation au greffe du tribunal de première instance dans l'arrondissement duquel le mari avait son domicile, cet acte doit être inscrit sur le registre établi pour recevoir les renonciations ».

La formalité de la déclaration au greffe est nécessaire à l'égard de tout le monde; nous refusons donc de reconnaître comme excluant de l'hérédité ou de la communauté, un acte par lequel un héritier ou une femme se serait engagé vis-à-vis de ses cohéritiers ou des héritiers de son mari, à ne rien prétendre dans la succession ou dans la communauté.

Une partie de la doctrine et la jurisprudence voient là une véritable renonciation, valable comme telle dans les rapports des contractants (1).

Si on examine de près cette doctrine, on aperçoit qu'elle n'est pas contraire au principe que nous

(1) Aubry et Rau, § 613, texte et note 11 et 12, § 517, texte et note 12 et auteurs cités ; adde Laurent, XXII, n° 413.

avons posé, et qu'elle a seulement le défaut de laisser à un acte mal qualifié par les parties, la qualification inexacte qui lui a été donnée.

Les articles 784 et 1457, en ordonnant à la veuve et à l'héritier de faire leur renonciation au greffe, n'interdisent en rien les stipulations postérieures à l'ouverture de leur droit d'option, par lesquelles ils consentiraient à renoncer à leurs droits. Si le législateur a introduit cette obligation, c'est qu'à l'égard des tiers il a voulu établir une uniformité de procédés et une publicité sans lesquelles les renonciations demeureraient ignorées.

Mais, entre les parties, reste la liberté des actes et des conventions. Dès que le droit d'option est ouvert, la femme ou l'héritier peuvent faire telles conventions qu'il leur plaira : suivant l'art. 1134, il y aura convention légalement formée qui tiendra lieu de loi aux parties contractantes.

Mais cette renonciation aux droits spéciaux d'une partie à l'égard de l'autre, sera inefficace pour fixer les rapports généraux à l'égard des tiers. Les conventions n'ont d'effet qu'entre les parties contractantes ; elles ne peuvent pas suppléer aux formes solennelles introduites par la loi dans l'intérêt des tiers (1).

Il convient d'ajouter que, la plupart du temps,

---

(1) *Sic* Demante, III, n° 104 bis ; Laurent, IX, n° 432 ; remarquer la contradiction entre ce passage et le passage du même auteur cité plus haut, t. XXII, n° 413.

cette pseudo-renonciation constituera une acceptation de la succession ou de la communauté. Soit
qu'il reçoive quelque chose en échange de ses droits,
ne fût-ce que quelques concessions donnant à l'acte
le caractère d'une transaction, soit qu'il renonce au
profit d'un ou plusieurs de ses copartageants, mais
pas au profit de tous, soit qu'il donne à tous sa part
héréditaire, le pseudo-renonçant tombe sous le
coup de l'article 780 qui le déclare acceptant. Entre
les parties l'acte est valable, mais l'héritier ou la
femme restent tenus envers leurs créanciers, non
en vertu de la relativité de leur renonciation, mais
parce qu'en réalité ils ont accepté.

Il reste l'hypothèse où l'héritier ou la femme
auraient renoncé par convention et gratuitement au
profit de tous, hypothèse qui ne rentre pas dans la
sphère d'application de l'article 780. Nous refusons
de voir là une renonciation véritable; outre la contradiction qu'il y aurait avec l'article 784, on arrive
à des résultats évidemment contraires à l'intention
des parties. Est-il probable, en effet, que l'héritier
ait entendu être privé de tout l'émolument et reste
tenu de toutes les dettes? que la femme ait voulu
supporter sa part de dettes sans rien prendre de
l'actif de la communauté? Nous pensons que, dans
ce cas, la renonciation pourrait être annulée.

Cependant, il y a un cas de renonciation tacite à
la communauté organisé par l'article 1463 : « La
» femme divorcée ou séparée de corps, qui n'a pas

» dans les trois mois et quarante jours après le
» divorce ou la séparation définitivement prononcés
» accepté la communauté, est censée y avoir re-
» noncé, à moins qu'étant encore dans le délai, elle
» n'en ait obtenu la prorogation en justice contra-
» dictoirement avec le mari ou lui dûment appelé. »
« La renonciation étant présumée n'a pas besoin
» d'être faite au greffe. L'article 1477 qui prescrit
» cette formalité ne parle que de la femme survi-
» vante. La déclaration au greffe peut, toutefois,
» avoir pour la femme l'avantage de fixer plus net-
» tement sa position et ses intentions vis-à-vis des
» créanciers qui lui épargneront l'ennui d'interpel-
» lations et de poursuites (1). »

FORMES DE L'ACCEPTATION BÉNÉFICIAIRE. — Dans le
cas de la dissolution d'une communauté, comme
dans le cas de l'ouverture d'une succession, l'acceptation bénéficiaire est subordonnée à la confection
d'un inventaire ; cet inventaire, qui est la base et la
raison d'être du bénéfice que nous étudions, doit
évidemment réunir les conditions d'exactitude et de
fidélité, sans lesquelles il ne présenterait qu'une
garantie illusoire. Mais si, à ce point de vue, l'assimilation entre les deux cas est complète, il y a une
différence au point de vue de la publicité à donner
à ce genre d'option.

(1) Dalloz, V° Cont. de Ma · n° 2230.

L'héritier doit, pour acquérir le bénéfice d'inventaire, faire une déclaration au greffe du tribunal de l'ouverture de la succession (art. 793).

La femme, au contraire, n'a pas besoin, pour acquérir le bénéfice d'émolument, de faire de déclaration, l'inventaire suffit ; elle n'a pas besoin de se réserver ce bénéfice dans l'inventaire, ou lors de l'acte qui lui ferme le droit de renoncer.

Ce bénéfice lui est acquis de plein droit, en ce sens que les conditions une fois remplies, elle peut l'invoquer, quel que soit le laps de temps écoulé depuis la dissolution de la communauté, et, dès lors, on ne peut pas dire qu'elle y a renoncé par le fait seul qu'elle ne l'aurait pas réclamé avant la liquidation. Bien qu'elle soit investie de plein droit du bénéfice d'émolument, le créancier qui poursuit la femme n'est pas empêché de lui demander la totalité de sa part dans la dette commune ; c'est à elle à se prévaloir du bénéfice et à l'opposer par voie d'exception.

On voit par ce qui précède que la femme est dans une position bien plus favorable que l'héritier ; cette infériorité de ce dernier n'a pas été sans soulever quelques critiques. La déclaration au greffe ne se justifie guère en pratique ; c'est là une institution de notre Droit coutumier qui n'aurait peut-être pas dû s'introduire dans le Code (1).

_____

(1) L'obligation de faire une déclaration, soit en justice, soit devant notaire, pour jouir du bénéfice d'inventaire, est généralement

Le bénéfice d'inventaire introduit par Justinien (1) dans la législation romaine, fut admis sans restriction dans nos pays de Droit écrit. Ce bénéfice s'introduisit au douzième siècle dans notre Droit coutumier, et quelques coutumes accordèrent expressément aux successibles le droit de s'en prévaloir; dans leur ressort, on peut en user sans autre formalité, comme en pays de Droit écrit. Mais dans les pays de coutume, ce bénéfice se trouvait en contradiction avec cette vieille idée latente de la copropriété de la famille, aussi ne l'admit-on, en général, que très-difficilement, par une grâce formelle du roi (2). L'ordonnance de 1629 (articles 128, 129), déclara que, même dans les coutumes qui constataient l'existence de cet usage sans le consacrer formellement, on ne pourrait accepter bénéficiairement sans avoir obtenu des lettres royaux délivrées en grande chancellerie et entérinées par le juge du lieu de l'ouverture de la succession (3). Ce sont ces règles qui ont persisté dans notre Code civil, excluant les principes du Droit romain ; et si elles expliquent historiquement l'obligation d'une déclaration au greffe, elles ne la justifient pas.

admise dans les pays étrangers, notamment en Autriche, en Italie, dans les Pays-Bas. En Portugal, en principe, l'héritier n'est jamais tenu *ultra vires ;* en Prusse, le bénéfice d'inventaire est présumé. Il est inconnu en Russie où l'héritier qui ne veut pas payer *ultra vires,* doit renoncer à la succession.

(1) Loi XXII, Code VI, 30.
(2) Beaume, *Condition des biens,* p. 402.
(3) Pothier, *Successions,* chap. III, sect. 1, 3.

L'idée de copropriété familiale n'a plus à notre époque une grande influence ; et, d'autre part, si un inventaire protège suffisamment les créanciers d'une communauté, nous ne voyons aucune raison de décider qu'il ne suffit plus, lorsqu'il s'agit des créanciers, d'une succession.

CHAPITRE V

Effets de l'option.

———

I. Renonciation. — « L'héritier qui renonce est censé n'avoir jamais été héritier », dit l'article 785. De même « la femme qui renonce, perd toute espèce de droit sur les biens de la communauté (art. 1492). » « Il faut, disent MM. Rodière et Pont, par identité » de raisons, prendre ici pour règle l'article 785, » d'après lequel l'héritier qui renonce est censé » n'avoir jamais été héritier. Donc, la renonciation » remonte au jour de la célébration du mariage ; » partant, la femme est censée n'avoir jamais été » commune, en ce sens du moins qu'elle demeure » étrangère aux bénéfices et aux pertes de la com- » munauté ; car, sous d'autres rapports, les obliga- » tions de la femme se ressentent de l'existence d e » la communauté par elle répudiée (1). »

De ce que l'héritier ou la femme qui ont renoncé

---

(1) Rodière et Pont, n° 1170.

cessent d'être propriétaires de la succession ou de la communauté, découlent les conséquences suivantes :

1° Ils ne doivent pas de droits de mutation ;

2° Les droits qui existaient contre eux au profit de l'héridité ou de la communauté et réciproquement, ne sont pas éteints par la confusion ;

3° La part du renonçant sera attribuée au mari ou aux cohéritiers *jure non decrescendi*. L'accroissement est forcé;

4° Le renonçant demeure étranger à l'actif, comme au passif de l'hérédité ou de la communauté. Cependant, pour un motif d'humanité, la femme peut prendre, dans l'actif de la communauté, ses linges et hardes, ainsi que son logement et sa nourriture pendant les délais pour faire inventaire et délibérer.

Par sa renonciation, la femme ne se dégage du passif de la communauté d'une façon absolue qu'à l'égard du mari ; elle reste en effet tenue, vis-à-vis des créanciers, des dettes de la communauté dont elle est débitrice personnelle, ou, comme le dit l'article 1494, des dettes provenant de son chef. Bien entendu que si elle est obligée de payer, elle aura un recours contre son mari qui doit, en définitive, supporter tout le passif de la communauté. Mais ce recours sera illusoire en cas d'insolvabilité du mari, et il pourra arriver ainsi que, malgré sa renonciation, la femme supporte une part du passif.

II. Acceptation. — L'héritier ou la femme ont ils accepté, ils restent propriétaires de l'actif auquel ils ont droit, et ils sont tenus même *ultra vires* de la part de passif proportionnelle, et cela indistinctement sur tous leurs biens.

« Les héritiers, dit l'article 724, sont saisis de plein droit, des biens, droits et actions du défunt sous l'obligation d'acquitter toutes les charges de la succession. » — La même solution s'induit, en matière de communauté, des termes des articles 1482 et 1487 : « Les dettes de la communauté sont pour moitié à la charge de chacun des époux (1482) ;» « la femme, même personnellement obligée pour une dette de communauté, ne peut être poursuivie que pour la moitié de cette dette » (1487). « Attendu qu'aux termes de la première des dispositions susvisées, les dettes de la communauté sont, lors de sa dissolution, pour moitié à la charge de chacun des époux ou de ses héritiers; attendu que, si ce principe reçoit exception, d'une part, en ce que les créanciers de la communauté conservent la faculté de poursuivre, contre le mari ou ses ayant-droit, la totalité des dettes que celui-ci a contractées, d'autre part, en ce que la femme qui a fait inventaire ne peut être tenue au-delà de la part qui lui est attribuée dans l'actif de la communauté, il n'en a pas moins pour conséquence immédiate que la femme non renonçante et qui n'est pas dans le cas d'invoquer le bénéfice d'émolument, peut, si le créancier juge à propos de s'adresser à elle, être poursuivie pour les dettes communes, jusqu'à concurrence de la moitié de leur chiffre, soit isolément, soit en même temps que les héritiers de son mari, etc. (1). »

Ici nous rencontrons une différence profonde : l'acceptation d'une succession entraîne la confusion, la réunion en un seul, de deux patrimoines distincts; l'acceptation d'une communauté n'a pas ce résultat. Il ne peut être question de réunion, de fusion en une seule, qu'entre des choses qui ont une existence distincte, indépendante, comme les patrimoines du défunt et de son héritier qui, jusqu'à la mort du *de cujus*, constituaient deux universalités ayant une vie propre et personnelle. Tel n'est pas le cas en matière de communauté; en effet, la communauté ne constitue pas une personne morale (2), capable d'avoir des droits et des obligations, distincte et indépendante du patrimoine des époux et pouvant, dès lors, à un moment donné, se confondre avec ce patrimoine en cessant d'exister.

La communauté est une sorte de société civile, sociétés auxquelles on est à peu près unanimes à refuser la personnalité (3); les époux associés, ont, dans la société, un droit de co-propriété, droit qui figure dans leur patrimoine propre et qui dès lors

(1) Arrêt du 19 mars 1890 ; D. 91, I, 157.
(2) Aubry et Rau, § 505, note 2 et auteurs cités ; *adde*, Laurent XXI, numéros 392 et 393; Demante, VI. numéro 18 bis, V, 16 janvier 1877 ; Sirey, 77, 1, 169.
(3) Voyez page 175, note 1.

n'y tombe pas à la dissolution ; il n'y a donc pas de confusion entre les biens de la communauté et ceux des époux.

L'opinion que nous adoptons, généralement admise en doctrine et en jurisprudence, ne l'est pas par tout le monde ; il existe un parti qui soutient que la communauté constitue une personne morale. « Pour se former, dit M. Le Guével (1) une
» juste idée de la communauté, il faut la considérer
» comme un être moral, comme une tierce per-
» sonne placée entre les deux époux ; c'est cet être
» moral qui a l'usufruit de leur bien personnel, et
» auquel appartiennent tout les fruits et revenu des
» biens qui sont l'objet de l'usufruit ; mais comme
» cet être moral ne peut agir et administrer ces biens
» par lui-même, la loi lui nomme un administrateur,
» c'est le mari ». « Cet être moral, dit M. Prou-
» dhon (2), que nous appelons communauté, a ses
» droits distincts et séparés des droits de chacun
» des époux, puisque les immeubles propres de
» ceux-ci ne lui appartiennent pas, et que les biens
» qui lui appartiennent ne sont point ceux des
» époux en particulier ».

Pour soutenir que la communauté forme un être moral, on invoque la terminologie de la loi qui parle sans cesse de la communauté, de son patrimoine,

---

(1) Le Guével, *Dissertation sur l'article 585 du Code Civil*, p. 194 et ss.
(2) Proudhon, *De l'usufruit*, I, 279.

des récompenses ou indemnités qu'elle doit aux époux ou que les époux lui doivent (art. 1433 et 1437). La communauté a ses dettes propres ; si le mari et la femme s'obligent solidairement envers un tiers, la dette n'incombe ni au mari, ni à la femme qui n'est obligée que comme caution, mais seulement à la communauté. La communauté apparaît entre les époux comme un dépositaire et à ce titre elle est débitrice vis-à-vis de chacun d'eux des valeurs propres qu'elle a encaissées ; enfin, tout le système de liquidation repose sur l'idée d'une personne morale. « Toutes ces conséquences ne s'expliquent, dit-on, que si on les fait découler de l'existence de la communauté, être moral distinct de la personne des époux (1) ».

Mentionnons au passage l'opinion de M. Toullier (2), pour lequel la communauté n'existe pas ; le Code n'emploie que des mots vides de sens, quand il parle d'une société pécuniaire commençant par la célébration du mariage et finissant par sa dissolution, et les biens qu'on appelle à tort, biens de la communauté, ne sont que les biens du mari. — Quoique ayant quelques attaches dans l'ancien Droit, devant les termes du Code cette opinion paradoxale n'a guère qu'un intérêt de curiosité.

Ecartons d'abord l'argument que l'on veut tirer

(1) Guillouard, I, n° 345.
(2) Toullier, XII, 82.

de la terminologie de la loi : les rédacteurs du
Code, comme les jurisconsultes anciens et comme
les modernes, emploient le mot communauté pour
désigner les époux communs en biens, par opposition aux époux envisagés individuellement, comme
propriétaires de leur patrimoine non mis en commun ; mais ce n'est là qu'une forme plus commode
de langage, qui ne résout en rien la question qui
nous occupe.

On sait que la personnalité civile ne peut exister
qu'en vertu d'une autorisation expresse ou tacite de
la puissance publique : il est bien difficile d'asseoir
sur cette base la personnalité civile de la communauté. Nous venons de voir dans quel sens la loi
prend le mot communauté, quand elle l'emploie,
et d'autre part il n'existe aucun texte permettant
de considérer la communauté comme personne
morale. Bien plus, il existe des textes qui résis-
tent à cette idée, notamment les articles 1403
et 1423.

La communauté entre époux rentre dans la catégorie des sociétés universelles, dans ce sens qu'elle
comprend tous les biens des époux, les biens communs en pleine propriété, les biens propres en
usufruit seulement ; c'est également une société en
ce sens que les bénéfices qui pourront résulter de
l'association conjugale se partageront entre les
associés. Si donc la communauté est une société
civile, nous devons, avec la majorité de la doctrine
et la jurisprudence, lui refuser la personnalité

civile (1). Les différences notables qui existent entre
elles, en ce qui touche l'inégalité des pouvoirs des
associés et l'infériorité de la femme vis-à-vis du
mari, n'infirment en rien cette solution, et il n'en

---

(1) *Nec obstat*, un arrêt de la Cour de cassation du 13 février 1891
(Dalloz, 91, 1, 337), qui déclare que les sociétés civiles constituent
une personne morale. Jusqu'à ce jour, elle s'y était refusée ou, plus
exactement, elle évitait autant que possible de se prononcer ; par
l'arrêt cité, elle fait une volte-face subite d'autant plus remarquable
que, quoique très controversée, la question en doctrine paraissait se
fixer dans le sens de la jurisprudence antérieure ; des auteurs, très
favorable à la personnalité des sociétés civiles, convenaient qu'en
présence des textes du Code, il leur semblait impossible de leur
accorder cette personnalité, et que leurs efforts devaient tendre à
une révision des textes plutôt qu'à des tentatives d'interprétation,
reposant sur des bases aussi peu solides. Nous ne pouvons entrer
ici dans l'examen détaillé de la question ; voici, du reste, quelques
références ; dans le sens de la personnalité : Bravard, *Manuel de
Droit commercial*, p. 85 et s.; *Traité de Droit commercial*, t. 1, p. 170
et s.; Delangle, *des Sociétés commerciales*, L, 1, n° 14 et s. ;
Duvergier, *du Contrat de société*, n° 141, 381 et s. ; Pardessus,
Cours de Droit commercial, n° 975, 1080 et 1207 ; Delamarre et
Lepoitevin, *Traité théorique et pratique de Droit commercial*, t. 6,
n° 105 ; Championnière et Rigaud, *des Droits d'enregistrement*,
t. 3, n° 2743 ; Troplong, *du Contrat de Société*, t. 1, n° 58 et s.,
II, n° 694 ; Proudhon, *Traité des Droits d'usufruit*, etc., t. 4,
n° 2665 ; Duranton, *Cours de Droit français*, t. 17, n° 334 et 388 ;
Toullier, *Théorie raisonnée du Code civil*, t. VI, p. 383 ; Massé et
Vergé sur Zachariæ, t. 4, § 710, note 10 ; Molinier, *Droit commercial*, n° 236 ; Bédarride, *des Sociétés*, n° 9 ; Foureix, *Sociétés commerciales*, n° 11.

En sens contraire, Civ. cass., 26 mai 1841 ; Alger, 10 janvier 1886,
D, 87, 2, 169 ; Evreux, 21 octobre 1887, D, 88, 3, 136 ; Toullier, le
Droit civil français, t. 12, n° 82 ; Demangeat sur Bravard, *Traité de
Droit commercial*, t. 1, p. 170, note 1 ; Lyon-Caen et Renault, *Droit
commercial*, t. 1, n° 200 ; Boistel, *Droit commercial*, n° 163 et s. ;
Vincens, *Exposition de la législation commerciale*, t. 1, p. 207 ;
Société par actions, p. 6 et 7 ; Pont, *des Sociétés civiles et commer-
ciales*, t. 1, n° 126 ; Alauset, *Commentaire du Code de commerce*,
t. 2, n° 374 ; Fremery, *Etudes du Droit commercial*, chap. 4, p. 30

est pas moins vrai que, comme dans toute association, les époux sont copropriétaires du fonds
social ou communauté pendant toute la durée du
mariage.

De ce que la dissolution de la communauté n'entraîne pas une confusion entre deux patrimoines,
nous concluons que les créanciers de la communauté ne jouissent pas d'un bénéfice analogue à
celui que l'article 878 accorde aux créanciers d'une
succession et qu'ils ne seront jamais reçus à provoquer la séparation du patrimoine propre des époux
d'avec les biens de la communauté.

La question de savoir si les créanciers d'une
communauté entre époux jouissent, comme ceux
d'une succession, du bénéfice de séparation de patrimoines, a été longuement examinée par Bellot des
Minières (1) qui la résout négativement, suivi en

et s.; Bautes, de la société civile en droit français, p. 181 et s.;
Laurent, Droit civil français, t. 26, nos 181 et s.; Demolombe, de la
Distinction des biens, t. 1, no 415; Aubry et Rau, Droit civil français, § 377, texte et notes 16, 18 et 19; Rodière et Pont, Traité du
contrat de mariage, t. 1, no 334; Boncenne, Théorie de la procédure
civile, t. 2, p. 132; Carré et Chauveau, lois de la Procédure civile,
t. 1, quest. 287 bis.

En Allemagne, le seul système adopté aujourd'hui est celui d'après
lequel la communauté repose sur l'idée d'une association des époux
avec propriété collective de leurs biens; il y a cependant, comme
chez nous, des dissidences : Hane et Deiters soutiennent que la
communauté forme une personne morale; Duncker dit qu'elle est
la propriété exclusive du mari, etc...(Voir Lehr, Éléments de Droit
germanique, p. 357).

(1) Contrat de mariage, II, p. 461, et Régime dotal et communauté d'acquêts, IV, no 3400.

cela par tous les auteurs qui ont signalé cette question.

Dans l'ancien Droit, aucun auteur, aucune décision judiciaire, du moins à notre connaissance, n'avait admis la séparation des patrimoines en faveur des créanciers de la communauté; le Code civil aurait-il voulu innover sur ce point? L'article 1476 dispose que « le partage de la communauté, pour tout ce qui concerne ses formes, la licitation des immeubles quand il y a lieu, les effets du partage, les garanties qui en résultent et les soultes, est soumis à toutes les règles qui sont établies au titre des successions pour les partages entre cohéritiers. » Mais il suffit de lire l'article 878 pour se convaincre qu'il n'a aucun rapport avec les divers objets mentionnés en l'article 1476 : « Ils peuvent, dit l'article 878 (parlant des créanciers de la succession), demander dans tous les cas et contre tout créancier, la séparation du patrimoine du défunt d'avec le patrimoine de l'héritier. » Il ne s'agit, dans cet article, que de l'intérêt des créanciers de la succession, aussi se trouve-t-il placé sous la rubrique du paiement des dettes. Or, le mode de paiement des dettes de la communauté est spécialement réglé par les articles 1482 et suivants et diffère, sur plusieurs points importants, du mode de paiement des dettes d'une succession ; il est donc peu probable que le législateur ait voulu s'y reporter, et il nous paraît évident que l'article 1476 ne contient pas de renvoi implicite à l'article 878.

12

La séparation des patrimoines constitue un véritable privilège; mais les privilèges sont de droitétroit, et l'on ne saurait faire intervenir arbitrairement les prescriptions des articles 2111 et 2113, quand il s'agit du paiement des dettes d'une communauté.

Enfin, nous avons admis que la communauté ne forme point un être moral, distinct du patrimoine des conjoints; avant sa liquidation même, elle est de plein droit, pour moitié, la propriété de l'un et de l'autre, elle est *in bonis*, elle fait partie du patrimoine de chacun. Le mari est tenu personnellement, sur tous ses biens, des dettes de la communauté qu'il a contractées et de la moitié de celle provenant du chef de sa femme; et quant à la femme, elle est tenue personnellement de la part des dettes de la communauté que la loi met à sa charge. Il ne s'agit point ici de dettes étrangères à l'un ou à l'autre des conjoints et contractées par une tierce personne, mais de dettes qui affectent les biens personnels de chaque conjoint, comme en étant le créateur et le débiteur. Il n'y a ni dettes distinctes, ni patrimoines distincts : il ne peut donc y avoir de séparation de patrimoines.

La Cour de Caen, dans un arrêt du 13 novembre 1844 (1), a jugé la question dans un sens contraire, au moins par les motifs de l'arrêt, où il est

(1) D. 1845, 2, 34.

dit explicitement qu'on peut étendre aux créanciers
de la communauté le bénéfice de la séparation des
patrimoines. « Considérant que la femme commune
» ou ses héritiers ne sont tenus que pour moitié des
» dettes chirographaires contractées par le mari à
» la charge de la communauté, aussi bien à l'égard
» des créanciers que du mari lui-même, de même
» que les héritiers ne sont tenus des dettes chiro-
» graphaires du défunt que pour leur part et portion
» virile ; qu'à la vérité, la loi accorde au créancier
» de la succession, et *qu'elle peut être étendue au*
» *créancier de la communauté*, le bénéfice de la
» séparation des patrimoines, qu'elle accorde aussi
» au créancier personnel des héritiers ou commu-
» nistes, le droit de s'opposer à ce que le par-
» tage soit fait arrière de lui ; mais que ni la
» séparation des patrimoines, ni l'opposition ne fait
» obstacle à la division des dettes ; que la première
» a bien pour objet d'empêcher les *créanciers per-*
» *sonnels de l'héritier ou du communiste* de
» venir en concurrence avec les créanciers de la
» succession ou de la communauté, sur les valeurs
» qui en proviennent, mais seulement jusqu'à con-
» currence de la part contributoire de cet héritier
» ou de ce communiste dans les dettes ; que l'effet
» de la deuxième est uniquement de mettre le
» créancier à portée de veiller à ce que les coparta-
» geants ne diminuent point son gage en compo-
» sant, par fraude, le lot de son débiteur soit de
» valeurs moins considérables, soit de valeurs sur

» lesquelles son action ne pourrait s'exercer que
» d'une manière moins efficace ; que, du reste, au-
» cun texte de loi n'accorde aux créanciers de la
» succession ou de la communauté le droit d'exiger
» sans division leur paiement sur tous les biens de
» la succession ou de la communauté, lorsque, à
» raison d'une circonstance particulière, il s'ensui-
» vrait que la dette pèserait sur un des copartageants
» dans une plus grande proportion que celle de sa
» part de l'actif, etc... »

Cet arrêt est unique ; et chaque fois que la jurisprudence a eu à trancher la question, elle l'a fait
dans notre sens. Les créanciers de la communauté
n'ont pas manqué d'invoquer chaque fois les consi-
dérants que nous venons de transcrire et qui, nous
devons le reconnaître, sont aussi affirmatifs que
possible. Mais affirmer n'est pas prouver, et nous
devons remarquer que la Cour de Caen ne présente
aucun argument à l'appui de ses assertions. Il faut
remarquer, en outre, que ce passage n'a aucun rapport direct avec la question qui était à juger et que
le bénéfice de séparation des patrimoines n'offrait
aucun intérêt pour le créancier de la communauté
qui plaidait.

Il s'agissait, dans l'espèce, d'une communauté
dissoute par le prédécès de la femme. Après la dissolution et avant le partage, le mari avait dissipé
une partie des biens de la communauté ; lors du
partage, les héritiers de la femme avaient été auto-
torisés à opérer sur la communauté, ainsi amoin-

drie des prélèvements pour assurer leur part telle qu'elle devait être, c'est-à-dire en considérant la communauté au moment de la dissolution. Un créancier émettait la prétention d'être intégralement payé sur les biens de la communauté existants, comme si la communauté était personne morale. La Cour de Caen repousse cette prétention, et décide que la créance contre la communauté s'est divisée de plein droit et que les héritiers de la femme ne peuvent être poursuivis que pour leur part. Le créancier supporte l'insolvabilité du mari.

Il est facile de voir que la question de la séparation des patrimoines ne se pose ici en aucune manière ; le créancier de la communauté voudrait avoir pour gage tout ce qui reste de la communauté, et son intérêt est évident puisque le mari n'a plus droit qu'à une partie insuffisante pour couvrir sa part dans la dette ; ses contradicteurs, les héritiers de la femme, ont également intérêt à ne payer que leur part dans la dette, soit sur leur émolument, soit sur leurs biens personnels. Mais nous ne trouvons pas des créanciers des héritiers de la femme contre lesquels le créancier de communauté ait à se prémunir : la séparation des patrimoines est sans intérêt pour lui. Il résulte en somme, de l'étude de cet arrêt, que c'est incidemment, en passant et sans discussion, que la Cour de Caen pose ce principe, et que, dès lors, il n'y a pas lieu d'accorder à cette décision une importance qu'elle n'a pas.

La jurisprudence la plus récente (1) affirme nettement que « l'actif de la communauté se divise, à
» sa dissolution, en deux moitiés qui se confondent,
» grevées de la moitié du passif, dans le patrimoine
» de chacun des époux, et y deviennent le gage de
» leurs créanciers personnels, et les créanciers de la
» communauté ne peuvent pas prétendre au béné-
» fice de la séparation des patrimoines sur la part
» de la femme dans la communauté. Ils soutien-
» draient en vain que leur action étant limitée à
» l'émolument de la femme dans la communauté
» sans qu'ils puissent concourir pour le surplus de
» son actif avec ses créanciers personnels, ils doi-
» vent par réciprocité être à l'abri du concours des
» mêmes créanciers sur ledit émolument.

» En effet, si tel est l'effet de la séparation des
» patrimoines en matière de succession, c'est qu'une
» dévolution héréditaire enrichit l'héritier et profite
» gratuitement à ses créanciers.

» Un partage de communauté, au contraire, a,
» pour unique résultat, de remettre à la disposition
» de la femme une partie de l'actif qu'elle est réputée
» avoir formé avec son mari, qui lui a toujours appar-
» tenu, sauf les effets du régime matrimonial adopté
» par elle, et qu'elle peut, dès lors, grever d'enga-
» gements dont les créanciers de la communauté,
» tenant leurs droits du mari, ne sauraient se plain-
» dre. »

(1) Seine, 9 juillet 1889, le Droit, 14 septembre 1889.

III. — Acceptation bénéficiaire. — Au cas d'acceptation bénéficiaire, l'héritier ou la femme ne sont tenus que jusqu'à concurrence de ce qu'ils prennent de la succession ou de la communauté.

Mais là se bornent les effets communs du bénéfice d'inventaire et du bénéfice d'émolument. Le bénéfice d'inventaire accordé à l'héritier empêche la confusion du patrimoine de l'héritier avec celui du défunt. Au contraire, le bénéfice d'émolument n'empêche pas que la part de la femme dans la communauté ne se confonde pleinement et irrévocablement avec le restant de son patrimoine. Par son acceptation, la femme a consolidé sur sa tête la propriété des biens communs qui, nous le savons, lui appartenait déjà; il ne peut pas être question d'empêcher une confusion qui ne peut pas ne pas se produire.

De cette différence nous en tirerons trois autres :

1° Les créanciers de la succession acceptée bénéficiairement ne peuvent se faire payer que sur les biens de la succession et non sur les biens personnels de l'héritier. L'héritier ne devient pas personnellement débiteur des créanciers héréditaires : le débiteur, c'est la succession; l'héritier n'en est que l'administrateur.

Les créanciers de la communauté, au contraire, peuvent poursuivre leur paiement non seulement sur les objets tombés dans le lot de la femme, mais aussi sur ses biens propres; elle n'est tenue, sans doute, que jusqu'à concurrence de son émolument,

mais, dans cette mesure, elle est tenue sur tous ses
biens sans limitation (art. 2092);

2° La femme ne peut pas, à la différence de l'héritier bénéficiaire, arrêter la poursuite des créanciers en leur abandonnant les objets tombés dans
son lot. C'est que l'héritier bénéficiaire est simple
administrateur vis-à-vis des créanciers, des biens de
la succession, lesquels ne se confondent pas avec les
siens, et par conséquent ceux-ci n'ont rien à objec-
ter quand, sur leurs poursuites, on leur abandonne
cette succession qui est leur seule débitrice. Au contraire, la femme, par son acceptation de la communauté, a consolidé sur sa tête la propriété des biens
communs qui se sont confondus avec le reste de
son patrimoine. Désormais, son privilège consiste à
n'être tenue des dettes communes que dans une
mesure déterminée et nullement à n'en être pas
tenue sur sa propre fortune. Elle ne saurait donc
être admise à abandonner les biens communs pour
affranchir ses biens propres. D'ailleurs, les biens
tombés dans le lot de la femme peuvent avoir, depuis
le partage, subi une dépréciation considérable ; il
y aurait injustice envers les créanciers à leur faire
supporter la perte résultant de ce fait.

Pothier enseignait une doctrine différente : « Ce
» privilège, dit-il, consiste dans la faculté que la
» femme ou ses héritiers ont de se décharger des
» dettes de la communauté, en comptant de ce
» qu'ils en ont amendé et en abandonnant ce qui
» leur en reste (*Communauté*, n° 735); et plus

» loin, il ajoute (n° 737) : Le privilège de la femme
» est différent du bénéfice d'inventaire que la loi
» ou le prince accorde à des héritiers pour accepter
» une succession suspecte ; ce bénéfice d'inventaire
» donne aux héritiers qui y ont recours le droit de
» n'être pas tenus, sur leurs propres biens, des dettes
» de la succession et de renvoyer les créanciers à se
» pourvoir sur les biens de la succession dont les
» héritiers ne sont regardés par des créanciers que
» comme les administrateurs. Il n'en est pas de
» même de ce privilège que la coutume accorde à
» la femme lorsqu'elle a accepté la communauté. Il
» ne lui donne pas le droit de n'être pas tenue des
» dettes de la communauté sur ses propres biens,
» mais seulement celui de n'être tenue que jusqu'à
» concurrence de ce qu'elle a eu des biens de la
» communauté. La femme peut donc être pour-
» suivie sur ses propres biens pour sa part des
» dettes de la communauté, lorsqu'elle l'a ac-
» ceptée, tant qu'elle retient quelque chose des
» biens de ladite communauté ; elle ne peut en être
» déchargée qu'en rendant compte aux créanciers
» qui la poursuivent de tout ce qu'elle a eu et en
» abandonnant ce qui lui en reste.

» La femme qui veut jouir (n° 747) de ce privi-
» lège doit un compte des biens qui lui sont échus
» de la communauté aux créanciers qui la poursui-
» vent pour le paiement de quelques dettes de la
» communauté.

» La femme, par ce compte, doit se charger en

» recette de tous les effets de la communauté
» qu'elle a eus par le partage, tant pour sa part
» qu'à titre de préciput.

» Lorsque ce sont des meubles, elle doit s'en
» charger suivant la prisée qui en a été faite par
» l'inventaire; et elle ne serait pas recevable à les
» abandonner en nature après les avoir usés.

« Lorsque ce sont des héritages, elle doit s'en
» charger suivant l'estimation qui en a été faite par
» le partage, si mieux elle n'aime les abandonner
» en nature, en tenant compte dans ce cas des dé-
» gradations qui procèderaient de son fait. »

Quelques auteurs ont suivi sous le Code civil cette
doctrine de Pothier; mais nous avons vu que c'est
pousser trop loin l'assimilation qu'à d'autres égards
on peut faire entre le bénéfice d'inventaire et le
bénéfice d'émolument. Sans doute cette faculté
d'abandon présenterait souvent des avantages notables pour la femme, et on pourrait souhaiter une
réforme dans ce sens; mais, sur le terrain des textes
et des principes sur lequel nous devons nous maintenir, cette faveur est injustifiable, et malgré toute
l'autorité de Pothier, nous devons la rejeter; les
créanciers qui ont pour gage la totalité du patrimoine de la femme, ne peuvent, en l'absence d'un
texte formel, voir réduire leur gage pour être can-
tonnés sur certains biens déterminés.

M. Duranton (1) fait un pas de plus et soutient que

---

(1) Duranton, XIV, 189.

cet abandon n'est pas seulement facultatif pour la
femme, mais, de plus, qu'il constitue un droit pour
les créanciers de la communauté qui pourraient
l'exiger de la femme, du moins pour les immeubles.
« Mais il est un point sur lequel nous croyons qu'on
» doit modifier l'une des décisions de cet auteur
» (Pothier) ; il dit que la femme demeure chargée
» des immeubles échus à son lot, suivant l'estima-
» tion qui en a été faite par le partage, si mieux
» elle n'aime les abandonner en nature, en tenant
» compte des dégradations qui procèderaient de son
» fait. Il lui laisse donc par là la faculté de se li-
» bérer de la poursuite des créanciers, par l'aban-
» don de l'estimation qui a été faite de ses immeu-
» bles. Nous croyons bien que, si elle les a vendus,
» sans opposition de la part des créanciers, elle sera
» en effet affranchie de leurs poursuites par le paie-
» ment qu'elle leur fera de l'estimation de ces mê-
» mes immeubles, telle qu'elle a été faite dans
» l'acte de partage ; mais aussi nous pensons que
» s'ils restent encore en sa possession, elle ne peut
» pas les retenir en offrant seulement cette estima-
» tion, car les créanciers n'ont point été appelés à
» leur appréciation et elle peut avoir été faite au
» dessous de la valeur réelle des biens. L'article 1483
» veut, pour que la femme jouisse du privilège qu'il
» consacre en sa faveur, qu'elle rende compte tant
» du contenu en cet inventaire, que de ce qui lui
» est échu par le partage ; elle doit donc rendre les
» biens eux-mêmes lorsqu'elle les possède encore,

» afin que les créanciers puissent en retirer un prix
» au-dessus de celui de l'estimation, s'il y a lieu.
» Et si elle les avait vendus nonobstant l'opposition
» de tel ou tel créancier, elle serait responsable en-
» vers lui de la perte qu'elle lui causerait par ce
» fait et qui consisterait dans la différence qu'il
» pourrait y avoir entre l'estimation portée dans
» l'acte de partage et la valeur réelle d'après une
» estimation contradictoire avec ce créancier. Et
» dans le cas même où elle les aurait vendus sans
» opposition formée par les créanciers, elle devrait
» leur faire raison du prix qu'elle en a retiré en sus
» de l'estimation, puisque cet excédant lui vient
» aussi de la communauté ; quoiqu'elle dût d'ail-
» leurs faire raison du prix qu'elle en a retiré en
» sus de l'estimation, puisque cet excédant lui vient
» aussi de la communauté , quoiqu'elle dût d'ail-
» leurs faire raison de l'estimation portée en l'acte
» de partage au cas où elle prétendrait les avoir
» vendus au-dessous : elle devait appeler les créan-
» ciers à la vente dès qu'elle voulait vendre au-
» dessous de l'estimation. »

Cette opinion doit être énergiquement repoussée,
ne fût-ce que pour la position inférieure qu'elle
assigne à la femme vis-à-vis des créanciers de la
communauté. Elle est du reste contraire autant à
l'esprit qu'à la lettre de l'article 1483. Il est en effet
évident que dans la pensée de la loi la femme n'est
tenue que de la valeur de ce qu'elle a amendé ;
rendre compte des biens ne signifie pas rendre les

biens en nature ; ce serait là une interprétation forcée inadmissible. Enfin, on ne voit pas l'intérêt
qu'auraient les créanciers à exiger cet abandon,
puisqu'ils ont le droit de contester soit l'estimation
faite dans l'inventaire, soit celle qui est faite dans
le partage, et de provoquer une estimation contradictoire à dire d'expert ; leurs créances sont ainsi
sauvegardées ; ils n'ont droit qu'à une somme d'argent et ne peuvent exiger autre chose de la femme.

3° Enfin, de ce que l'héritier bénéficiaire n'est
qu'administrateur des biens de la succession, tandis
que la femme est propriétaire de sa part de communauté, il résulte que celle-ci peut faire sur les
biens à elle échus tous les actes de disposition qu'elle
veut, sa situation vis-à- vis des créanciers de la communauté n'est en rien modifiée : elle est débitrice
sur tout son patrimoine d'une somme fixée par
l'inventaire. Au contraire, l'héritier est tenu à des
formalités étroites pour la vente des meubles et immeubles de la succession ; c'est que la succession
étant le gage des créanciers du défunt, il leur est
dû un compte exact de tout ce qui la compose ; il
n'appartient pas à l'héritier d'amoindrir leur gage :
s'il néglige les formalités prescrites par la loi, il
perd le bénéfice d'inventaire, et est tenu, sur ses
biens, des dettes de la succession.

CHAPITRE VI

Caractères de l'Option.

————

L'option doit être pure et simple : elle n'admet ni le terme ni la condition ; elle ne peut porter sur une partie seulement de la succession ou de la communauté. C'est un acte de volonté purement unilatéral qui n'exige, pour sa pleine efficacité, le concours d'aucune volonté étrangère. Il est indivisible en ce sens qu'il produit son effet à l'égard de tout le monde, même lorsqu'il est intervenu avec une seule personne, dans les cas où l'option n'exige pas de forme solennelle.

L'option, une fois exercée, est, en général, irrévocable. Ce principe, toutefois, souffre des exceptions considérables.

I.— Les créanciers de l'acceptant ou du renonçant peuvent demander la rétractation de l'acceptation ou de la renonciation.

RENONCIATION. — « Les créanciers de celui qui renonce au préjudice de leurs droits peuvent se faire

autoriser en justice à accepter la succession du chef
de leur débiteur en son lieu et place », dit l'article 788; et l'article 1464, de son côté, s'exprime
ainsi : « Les créanciers de la femme peuvent attaquer la renonciation qui aurait été faite par elle ou
par ses héritiers, en fraude de leurs créances, et accepter la communauté de leur chef ».

Des termes de ces articles, il paraît résulter une
distinction : au cas de renonciation à succession, le
préjudice suffirait pour donner lieu à l'action révo-
catoire; au cas de renonciation à communauté, il
faudrait de plus la fraude, le *consilium fraudandi*.

Un point indiscutable, c'est que ces deux articles
se rattachent au principe établi dans l'article 1167
qui organise l'action Paulienne; mais on se divise
sur le point de savoir quels sont leurs rapports
exacts et dans quelle mesure les articles 788 et 1464
sont régis par les principes généraux.

Au moyen de l'action Paulienne, des créanciers
peuvent attaquer devant la justice et faire révoquer
les conventions et actes nuisibles consentis par leur
débiteur. L'acte attaqué doit avoir été fait en fraude
des créanciers; il doit : 1° causer un préjudice aux
créanciers; 2° avoir été fait par le débiteur conscient
de ce préjudice, même dans le cas où c'est un acte
à titre gratuit.

Dans un premier système, l'article 1167 s'applique à toutes les hypothèses qui n'ont pas été ré-
glées d'après les termes mêmes de l'article qui leur
est propre. En conséquence, on doit tenir compte

de la différence de textes que nous avons signalée
et ne pas exiger la fraude de la part de l'héritier.
L'article 788 serait, dans ce système, une exception
aux principes de l'action Paulienne.

Cette opinion est généralement repoussée et on
est d'accord pour donner des solutions identiques
dans les deux cas dont nous nous occupons. Mais
quelle sera cette solution?

Dans un deuxième système, les créanciers n'ont
qu'une chose à prouver, le préjudice. D'après ces
auteurs, toutes les fois que l'acte attaqué est un acte
à titre gratuit, il peut être atteint par l'action Paulienne, même dans le cas où le débiteur n'aurait
pas eu l'intention de frustrer les créanciers. Ce principe, contenu dans l'article 1167, se retrouve formellement énoncé dans les articles 622, 788 et 1053
et doit être étendu à toutes les hypothèses analogues,
notamment à la répudiation de la communauté. Il
est vrai que dans ce cas l'article 1464 exige la
fraude : « S'il y a fraude au lieu de préjudice, ex-
» pliquent Aubry et Rau, c'est par inadvertance,
» puisqu'il n'y a aucune raison pour distinguer,
» au point de vue qui nous occupe, entre la renon-
» ciation à communauté et la renonciation à succes-
» sion (1). »

Ce système repose sur un principe que nous ne
pouvons pas admettre ; il est contraire, tant au texte

(1) Aubry et Rau, § 517, note 22.

de l'article 1167 qui emploie expressément le mot
« fraude », qu'à la tradition qui est d'un grand
poids dans notre matière, devant le laconisme de
cet article 1167.

Nous nous rallierons donc au système qui exige
de la part du débiteur le préjudice et la fraude :
consilium fraudis et eventus damni.

Et d'abord les mots « la renonciation qu'il aurait
faite à leur préjudice » peuvent très bien s'entendre
comme signifiant : « la renonciation que le débiteur aurait faite en vue de préjudicier à ses créanciers, *in præjudicium* », ce qui reviendrait à
dire que la renonciation doit être frauduleuse.

D'un autre côté, lors de la rédaction de l'article 788 et des articles 622 et 1053, sur lesquels s'ap-
puient aussi les partisans du système en question,
les rédacteurs du Code n'ont pas voulu préjuger,
dans ces articles où ils faisaient une application anticipée de l'action Paulienne, la question de savoir si
la fraude serait requise pour que cette action pût
réussir : le mot préjudice ayant l'avantage d'être
très élastique et de laisser la question indécise, on
a pu le préférer pour ce motif au mot fraude. Plus
tard, lorsqu'on en vint à établir la règle générale,
on laissa le mot préjudice, pour prendre le mot
fraude, qui comprend, tout à la fois, le préjudice
et l'intention de le causer. Par là la question restée
indécise se trouve résolue : l'acte attaqué, de quelque nature qu'il soit, ne peut être révoqué qu'autant qu'il est tout à la fois préjudiciable et fraudu-

leux. Et tous les articles qui suivent l'article 1167
et qui sont relatifs à l'action Paulienne en soumet-
tent l'exercice à la condition du préjudice et de la
fraude (1447, 1464).

Dans l'article 788, le législateur, faisant application
d'un principe à établir, mesure ses expressions et
se tient sur la réserve ; mais dans l'article 1464 il
ne craint plus de se compromettre, parce qu'il
fait l'application d'un principe établi. Il faut donc
suppléer dans l'article 788 la condition de fraude
exprimée positivement dans l'article 1464 ; ces
deux textes réglant des espèces entièrement sem-
blables, doivent recevoir la même interprétation (1).

ACCEPTATION. — Ici, nous n'avons pas de texte,
et de cette absence on pourrait conclure à refuser
aux créanciers de l'acceptant le droit de demander
la rétractation de l'acceptation par l'action Paulienne. On pourrait dire, en effet : deux textes, les
articles 788 et 1464, accordent formellement aux
créanciers de l'héritier ou de la femme le droit
d'attaquer la renonciation ; or, par cela même que
le législateur n'a textuellement accordé aux créanciers que le droit d'attaquer la renonciation, il leur
a implicitement refusé celui de revenir contre l'acceptation.

Mais la disposition générale de l'article 1167, qui
ouvre l'action Paulienne contre tous les actes faits

(1) Mourlon, II, p. 604 ; Baudry-Lacantinerie, II, p. 657.

en fraude des droits des créanciers, ne permet pas de
s'arrêter à cet argument. Les articles 788 et 1464,
qui ne contiennent qu'une application du principe
général contenu dans cet article, ne peuvent fournir
aucun argument *a contrario* à l'appui de l'opinion
que nous repoussons. Comment donc se fait-il que,
d'une part, la loi ait cru devoir consacrer en termes
exprès l'application du principe au cas de renonciation frauduleuse, et, d'autre part, qu'elle ait omis
de s'expliquer relativement aux acceptations fraudu-
leuses ? Nous n'en voyons pas d'autre que celle-ci :
la question de savoir si la renonciation en général
tombait sous le coup de l'action Paulienne faisait
autrefois difficulté ; une renonciation à succession
n'était pas, en Droit romain, comme chez nous, un
acte susceptible de diminuer le patrimoine du renonçant, et, dès lors, ne tombait pas sous le coup
de l'action Paulienne ; aussi, le législateur a cru
devoir s'expliquer et il l'a fait dans les articles 788
et 1464. Au contraire, on n'a jamais douté que l'action Paulienne ne fût applicable aux acceptations
soit de succession, soit de communauté, faites en
fraude des droits des créanciers (1). Pothier n'y

---

(1) On ne conçoit guère qu'une hypothèse où ils auraient intérêt
à attaquer l'acceptation d'une communauté, c'est le cas où la femme
se serait réservé la faculté de reprendre ses apports en cas de renonciation ; c'est celui que vise Pothier, n⁰ˢ 394 et 559 du *Traité de la
communauté*. En dehors de ce cas, il leur suffira de faire tous les
actes conservatoires du bénéfice d'émolument, si la femme a négligé
de faire inventaire, pour être complétement à l'abri.

voyait pas de difficultés et notre législateur a pensé que, pour ce cas, le principe général de l'article 1167 suffisait.

II. — L'option peut être annulée lorsqu'elle a été exercée sous l'empire du dol ou de la violence.

Dol. — « Le majeur, dit l'article 783, ne peut attaquer l'acceptation expresse ou tacite qu'il a faite d'une succession, que dans le cas où cette acceptation aurait été la suite d'un dol pratiqué envers lui. » D'autre part, l'article 1455 s'exprime de la façon suivante : « La femme majeure, qui a pris dans un acte la qualité de commune, ne peut plus y renoncer ni se faire restituer contre cette qualité, quand même elle l'aurait prise avant d'avoir fait inventaire, s'il n'y a eu dol de la part des héritiers du mari. »

Ces deux textes présentent des différences de rédaction ; mais, quant au fond, ils doivent s'interpréter identiquement.

Et d'abord, l'article 783 dit formellement que l'acceptation tacite peut être attaquée pour dol, comme l'acceptation expresse, tandis que l'article 1455 ne parle que de cette dernière ; on ne doit pourtant pas hésiter à l'appliquer en cas d'acceptation tacite.

D'autre part, ces deux articles ne posent ce principe que relativement à l'acceptation de la succession ou de la communauté, mais il est hors de doute que leur disposition s'applique par identité de motifs

à la renonciation. « Quoique les héritiers de la
» femme, disait Pothier, aient renoncé à la commu-
» nauté, ils peuvent quelquefois être restitués con-
» tre leur renonciation, lorsque c'est par le dol du
» mari survivant qu'ils y ont été engagés ; comme
» lorsqu'il leur a caché les forces de la commu-
» nauté, en omettant malicieusement dans l'inven-
» taire des effets considérables ou en supposant de
» faux créanciers (1). »

La question devient plus délicate quand on se
demande de qui doit émaner le dol pour qu'il
puisse donner lieu à la rescision de l'acceptation ou
de la renonciation.

La question se pose parce que l'article 1116, en
matière de contrat, n'admet le dol comme cause de
nullité, que tout autant qu'il procède de la partie
contractante ; le dol provenant d'un tiers n'est pas
une cause de nullité. En fait, il peut émaner ou de
parties intéressées à l'acceptation ou à la renonciation, ou de tiers qui n'y ont aucun intérêt. Dans
notre hypothèse, les parties intéressées seront, au
cas de succession, les héritiers du degré subséquent,
les cohéritiers et les créanciers de la succession ; au
cas de communauté, le mari, ses héritiers ou les
créanciers de la communauté. Tous ceux qui profi-
teront de la part du renonçant, ont intérêt à provoquer cette renonciation si la communauté ou la

(1) Pothier, *Traité de la communauté*, n° 532.

succession sont bonnes; pour les créanciers d'une succession mauvaise, il est avantageux que l'héritier accepte, et de même les créanciers d'une communauté ruinée manœuvreront de manière à amener la femme à accepter purement et simplement. Selon le cas, les intéressés présenteront la succession ou la communauté comme pauvre ou opulente. — Devons-nous appliquer les principes de l'article 1116, ou faut-il dire que, même le dol émané de personnes autres que celles dont nous venons de parler, entraînera annulation de l'option effectuée ?

L'article 783 paraît bien formel en ce dernier sens; il s'exprime *in rem* : il dit que le successible peut attaquer l'acceptation qu'il a faite à suite d'un dol pratiqué envers lui, sans distinguer suivant les personnes qui ont pratiqué le dol.

L'article 1435 paraît au contraire formel dans le premier sens. Il dit que la femme peut revenir sur son acceptation, s'il y a eu dol de la part « des héritiers du mari ». — La rédaction de cet article est telle qu'il n'est pas possible de l'interpréter au pied de la lettre; on serait obligé d'exclure de sa sphère d'application le mari et les créanciers de la communauté, ce qui ne peut absolument pas avoir été dans la pensée du législateur. — On est donc généralement d'accord pour ne pas s'arrêter aux termes de l'article 1455, et pour l'interpréter de la même façon que l'article 783; mais quelle sera cette interprétation ? dans quelle mesure doit-on appliquer les dispositions de l'article 1116?

Nous n'hésitons pas à répondre que la limitation qui résulterait de cet article doit être écartée ; pour nous, le dol entraine nullité de quelque personne qu'il émane.

L'article 1116 est spécial aux contrats et ne constitue pas un principe général qui doive s'étendre à tous les cas analogues. Après avoir rappelé dans l'article 1109 qu'il n'y a pas de consentement valable s'il est surpris par dol, le législateur détermine, dans l'article 1116, quelles conditions le dol aura dû réunir pour vicier le consentement, dans quel cas il y aura lieu seulement à des dommages-intérêts, dans quel cas le contrat sera frappé de nullité. C'est là une réglementation d'un principe, mais non le principe lui-même, et on doit l'appliquer restrictivement. Au reste, il résulte, du texte même de l'article 1116, que sa disposition toute spéciale ne s'applique qu'aux actes juridiques dans lesquels figurent deux parties, dans des conventions proprement dites ; or, l'acceptation ou la renonciation constituent un acte de volonté purement unilatéral, ce n'est ni un contrat, ni un quasi-contrat : l'option ne fait que confirmer les obligations dont l'acceptant était déjà tenu ou l'en dégager ; dans quel sens qu'elle s'exerce, elle n'engendre par elle même aucune obligation.

Le dol est un fait contraire à la bonne foi, portant atteinte à la liberté de la volonté ; or, il est de stricte justice que, pour faire produire à un acte de volonté un engagement irrévocable, cette volonté doit être complètement libre, et, par suite, on doit se préoccuper uniquement de l'existence du dol qui l'a viciée, sans rechercher de qui il émane. Nous dirons donc qu'en matière d'acceptation ou de renonciation de succession ou de communauté, le dol peut devenir une cause de nullité, bien qu'il n'ait pas été pratiqué par les personnes les plus directement intéressées à provoquer de pareils actes.

Mais alors quelle est la portée de l'article 1116 ? Et s'il constitue, comme nous le croyons, une exception particulière à la matière des contrats, quelle est sa raison d'être. C'est que quand il s'agit d'un contrat, il est nécessaire de sauvegarder l'autre contractant ; on ne doit pas sacrifier ses intérêts ; il a compté sur le contrat et il ne peut pas être victime de la légèreté de celui qui s'est laissé tromper par un tiers ; la victime du dol a été imprudente, elle a à se reprocher sa crédulité, son défaut de prévoyance contre les manœuvres dont elle a été victime de la part d'un tiers, il serait absolument *inelegans* que l'autre contractant dût en souffrir. La situation est absolument différente de celle qui nous occupe ; une acceptation, une renonciation sont des actes purement unilatéraux, dans lesquels la volonté de celui qui prend parti forme l'option tout entière, tandis que la volonté de chaque contractant ne forme que la moitié du contrat. Or, on conçoit que la loi admette plus facilement une personne à faire rescinder son œuvre exclusive que l'œuvre qui lui est commune avec une autre. D'autant plus que la rescision d'un contrat, obtenue par l'un des contractants enlève à l'autre un droit qu'il avait acquis par un effort personnel, et sur la solidité duquel il devait compter ; tandis que la rescision des actes dont nous nous occupons ne nuira qu'à des personnes qui n'ont rien fait pour les obtenir, qui n'y avaient aucun droit, et qui ne devaient pas y compter. On voit donc que l'article 1116, fait très justement pour les contrats, doit leur rester absolument spécial, et est particulièrement inapplicable à notre matière.

VIOLENCE. — Aucun texte ne parle de la violence, mais les principes ont conduit tous les auteurs à admettre cette cause de nullité quant à l'acceptation ou à la renonciation en matière de succession ou de communauté. *Metus* (la violence) *dolum in se recipit* : la violence, en effet, n'est qu'un dol avec circonstances aggravantes ; car, alors que l'auteur du dol se borne à des insinuations, l'auteur de la violence ne craint pas d'user de menaces ou de voies de fait ; il joint l'intimidation ou la force à la ruse ; ce que la loi dit du dol doit s'appliquer *à fortiori* à la violence.

Si en cas de contrat le législateur a mentionné la violence (art. 1111), c'est qu'il lui attribue des effets plus puissants qu'au dol ; il n'y a intérêt à les distinguer qu'autant qu'on veut les soumettre à des règles différentes, ce qui n'est pas le cas de notre matière, où on a pu se borner à un sous-entendu.

Cette annulabilité pourra être éteinte par une ratification expresse ou tacite, notamment par la prescription de dix ans de l'article 1304.

Il est bien entendu que les créanciers de l'optant pourraient se prévaloir du dol et de la violence en vertu de l'article 1166.

III. — En vertu de l'article 790, l'héritier peut revenir sur sa renonciation si la succession n'a pas été acceptée par d'autres héritiers. — La femme jouit-elle de la même faculté ?

« Tant que la prescription du droit d'acceptation n'est pas acquise contre les héritiers qui ont renoncé, ils ont la faculté d'accepter encore la succession, si elle n'a pas été accepté par d'autres héritiers (article 790). » L'article 462 reproduit exactement cette disposition ; il faut remarquer seulement que, dans cet article, il n'est pas question de la prescription, parce qu'il s'applique à l'héritier mineur, contre lequel, en général, la prescription ne court pas.

En renonçant, l'héritier a consommé son droit d'option : il a perdu la propriété de l'hérédité sur laquelle tous ses droits sont rétroactivement effacés, de même qu'il est dégagé de toutes les obligations qui la grevaient et auxquelles il était tenu en sa qualité d'héritier. Bien plus, par suite de cette renonciation, ses droits accroissent à ses cohéritiers, ou sont dévolus aux héritiers du degré subséquent, qui acquièrent ainsi sur la succession les droits les plus étendus.

Nous sommes donc en présence d'une personne

qui, ayant consommé son droit d'option, a perdu
volontairement tous droits sur une chose, et qui,
malgré cela, peut encore, non seulement se res-
saisir de tous ses droits sur cette chose, mais encore en dépouiller celui que la loi en avait investi à
sa place, à condition de se montrer plus agile que
lui à faire acte d'héritier.

On a essayé d'expliquer juridiquement la disposition de l'article 790. « Tout s'explique, au sur-
» plus, en disant que la saisine soit des cohéritiers
» du renonçant (en ce qui concerne la part de
» celui-ci), soit des héritiers du degré subséquent,
» bien qu'elle ne soit suspendue par aucune condi-
» tion, est cependant résoluble sous condition, et,
» qu'à la condition résolutoire de renonciation par
» la personne saisie, il se joint ici une autre condi-
» tion résolutoire qui dure autant que la première,
» et qui consiste dans l'acceptation de l'héritier qui
» avait d'abord renoncé (1), » ou encore ; « la loi
» qui donne la saisine à l'héritier appelé au lieu et
» place du renonçant, avait bien le droit, de ne la
» lui donner que sous condition, sous cette condi-
» tion résolutoire, qu'elle sera considérée comme
» non avenue si le renonçant revient sur sa déter-
» mination *rebus integris* (2).

Dans notre ancien Droit, on n'autorisait pas l'héritier renonçant à revenir sur sa renonciation, et il

(1) Demante, III, n° 111 bis.
(2) Baudry-Lacantinerie, II, n° 179.

est certain qu'il y a dans cette faculté quelque chose d'exorbitant contraire aux principes. Pour nous, c'est surtout une faveur qui s'explique pratiquement par le désir du législateur d'éviter autant que possible qu'une succession reste vacante, que sa propriété soit incertaine. Il faut favoriser l'acceptation pour que les intéressés trouvent le plus tôt possible quelqu'un à qui parler.

Aucun texte ne donne à la femme le droit de revenir sur sa renonciation ; il résulte évidemment, de l'exposé qui précède, qu'on ne saurait lui étendre par analogie la disposition de l'article 790.

La situation est en effet toute différente. Tant qu'a duré la communauté, il y a eu indivision, copropriété entre les époux. Quand la femme renonce, le mari qui, jusque-là, n'était que copropriétaire, devient propriétaire exclusif, la femme est censée n'avoir jamais été propriétaire et le mari est censé l'avoir toujours été. « L'effet de la renonciation de » la femme ou de ses héritiers, dit Pothier, est de » les exclure des biens de la communauté, desquels, » en conséquence, le mari ou ses héritiers demeu- » rent propriétaires pour le total *jure non decres-cendi* (1) ». Lorsque la femme renonce, la propriété ne reste pas un instant incertaine ; elle est transférée au mari, par le seul fait de la renonciation de la femme, sans qu'aucune manifestation de volonté

(1) Pothier, *Traité de la communauté*, n° 568.

de la part de celui-ci soit nécessaire. Le mari a donc immédiatement droit acquis, il est saisi, il l'est malgré lui. On ne comprendrait pas que la femme pût, en rétractant plus tard sa renonciation, lui enlever la portion qui lui avait été attribuée et qu'elle a répudiée. La part à laquelle pouvait prétendre la femme, cesse, après la renonciation de celle-ci, d'être à sa disposition : aussitôt cette renonciation effectuée, les droits du mari sont irréfragables et la femme ne peut pas l'en déposséder par une acceptation ultérieure.

Cette doctrine, fondée en droit, est en outre conforme à la tradition. « La femme ou ses héritiers, dit Pothier, n'ont le choix d'accepter la communauté ou d'y renoncer que jusqu'à ce qu'ils aient consommé leur choix : lorsqu'ils ont pris une fois l'un des deux partis, ils ne peuvent plus varier. C'est pourquoi la femme ou ses héritiers, après qu'ils ont renoncé à la communauté, ne peuvent plus accepter la communauté et en demander le partage au mari qui, par cette renonciation, est devenu propriétaire irrévocable des biens de la communauté pour le total ».

Nous ne retrouvons donc pas ici les raisons pratiques, d'une importance d'ailleurs assez contestable, qui ont inspiré au législateur, en l'article 790, une aussi grave dérogation à ce principe, que le droit d'option s'éteint lorsqu'il est exercé; aussi nous refusons absolument d'étendre les dispositions de cet article au cas de renonciation à la communauté.

La doctrine est d'accord pour repousser l'assimilation, et malgré cette unanimité la question a été fréquemment portée devant les tribunaux, dont la jurisprudence s'est montrée conforme aux conclusions de la doctrine.

Dans une affaire soumise à la Cour d'Orléans, un père avait, au nom de ses enfants mineurs, renoncé à la communauté du chef de leur mère. Plus tard, il réclama le bénéfice des dispositions de l'article 462 ; la Cour rejeta cette prétention :

« Considérant, dit l'arrêt, que cet article ne fait
» qu'appliquer aux mineurs la règle générale, édictée
» en matière de succession par l'article 790 du même
» Code, aux termes duquel tant que la prescription
» du droit d'accepter n'est pas acquise contre les
» héritiers qui ont renoncé, ils ont la faculté d'ac·
» cepter encore la succession, si elle n'a pas été
» acceptée déjà par d'autres héritiers ;

» Considérant que cette règle est absolument
» inapplicable en matière de communauté ; qu'en
» effet, lorsque la femme ou ses héritiers renoncent
» à la communauté, le mari qui en était déjà pro-
» priétaire au cours du mariage en demeure de
» plein droit et irrévocablement investi ; que, léga-
» lement donc, il n'existe pas de communauté
» vacante ;

» Considérant que, dans l'espèce, la renonciation
» régulièrement faite par Roy père, au nom de ses
» enfants mineurs, a eu pour conséquence de con-
» férer d'une manière définitive à l'intimé la pro-

» priété de tous les biens dépendant de la commu-
» munauté et de placer les héritiers Roy dans la
» situation où ils se trouveraient si, s'agissant d'une
» succession, l'acceptation par d'autres successibles
» leur avait enlevé la faculté de revenir sur la renon-
» ciation valablement faite par eux ; qu'il n'y a donc
» pas lieu de faire droit aux conclusions nouvelles
» de l'appelant... (1). »

(1) 21 mars 1882, *Journal du Palais*, 1885, 1, 634.

CONCLUSION

Nous avons vu, dans le courant de cette étude, qu'il y a de très grandes analogies entre le droit d'option accordé à l'héritier, à l'ouverture d'une succession, et le droit d'option accordé à la femme à la dissolution de la communauté ; mais nous avons vu aussi qu'il y a des différences. Que faut-il penser de ces différences ? ne doit-on pas souhaiter de les voir disparaître, de façon à régler les deux hypothèses d'une manière absolument semblable, et à pouvoir dire avec M. Levé : « Pour résoudre les » différentes questions qui se présentent, nous pro-» posons de considérer la communauté dissoute » comme une personne décédée, dont il faut liquider » la succession ? » (1). Il est certain que, dans l'état actuel de notre droit, cette assimilation complète ne saurait être faite.

Parmi les différences que nous avons rencontrées, il y en a qui pourraient disparaître facilement, soit

---

(1) Levé, *Revue critique*, 1870, t. 37, p. 257.

par un revirement de la jurisprudence, soit par la suppression ou le remaniement de textes qui prêtent déjà depuis longtemps à la critique.

Mais il en est d'autres qui tiennent à la nature même des deux institutions que nous étudions, aux différences inscrites dans la loi entre une succession et une communauté. Ces différences, qui tirent leur raison d'être de la tradition historique, sont, croyons-nous, également appelées à disparaître sous l'influence des progrès du droit, et pour des considérations pratiques.

Une réforme qui serait des plus fécondes en bons résultats, au point de vue qui nous occupe, serait la concession de la personnalité juridique aux sociétés civiles, et, par voie de conséquence, à la communauté. Il y a un fort mouvement dans ce sens. La très grande majorité de la doctrine, tout en reconnaissant que l'état actuel de la législation ne permet pas d'accorder la personnalité à la communauté, se montre favorable à un remaniement des textes dans ce sens ; quant à la jurisprudence nous avons vu que, par un revirement soudain, elle a reconnu la personnalité des sociétés civiles.

Cette réforme une fois accomplie, on pourrait avec avantage considérer la communauté dissoute comme une personne défunte et remplacer les dispositions du titre de la communauté que nous avons étudiées, par un simple renvoi au titre des successions. C'est ainsi que procède le Code Italien, dont l'article 1444 s'exprime ainsi : « Après la dissolution de la com-

» munauté, la femme ou ses héritiers ont toujours
» la faculté de renoncer à la communauté ou de
» l'accepter sous bénéfice d'inventaire, en se con-
» formant à ce qui est établi pour les renonciations
» aux successions, et pour leur acceptation sous
» bénéfice d'inventaire dans le chapitre *des disposi-*
» *tions communes aux successions*, etc., et sous
» les peines y énoncées (1). »

(1) Code civil Italien, traduction Orsier. — Parmi les différentes législations étrangères qui admettent la communauté, le Code Italien est, à notre connaissance, le seul qui ait effectué cette réforme. Les autres règlent le droit d'option de la femme séparément comme le Code civil Français. — Le Code civil Argentin (approuvé le 29 septembre 1869, loi de correction du 9 septembre 1882), paraît faire l'assimilation entre une communauté dissoute et une personne défunte. Voici en effet comment s'exprime son article 1313 . « Si la » société se dissout par la mort de l'un des époux, on procèdera à » l'inventaire et au partage des biens d'après les règles du livre IVᵉ » du présent Code, relatif au partage des successions. »

POSITIONS

DROIT ROMAIN

I. La solvabilité des fidejusseurs qui opposent le bénéfice de division s'apprécie *in jure* au moment de la délivrance de la formule.

II. Les arrhes constituent une faculté de dédit.

III. L'*adpromissor* qui a promis 10, alors que l'obligation principale n'est que 5, n'est tenu en aucune façon.

IV. L'*actio de dolo* est subsidiaire.

DROIT FRANÇAIS

I. La concession d'une mine ne constitue pas un acte à titre gratuit. Il en résulte que la concession faite à l'un des époux communs en biens, pendant la communauté, forme non un propre, mais un conquêt.

II. Le mari héritier de sa femme commune en biens,

peut exercer, du chef de cette dernière, le droit
d'option inscrit dans l'article 1408 2° du Code
civil.

III. Les articles 1952 et 1953 (modifiés par la loi
du 18 avril 1889) sont inapplicables aux directeurs de théâtre en ce qui concerne les effets
déposés au vestiaire.

IV. L'article 2155 du Code civil qui met à la charge
du débiteur les frais des inscriptions hypothé-
caires est applicable aux maris et aux compta-
bles pour l'hypothèque légale dont ils sont
grevés.

DROIT CRIMINEL

I. Sous l'empire de l'article 24 du Code pénal modifié par la loi du 15 novembre 1892, lorsqu'un
condamné à une peine criminelle ou à l'emprisonnement échoue dans son recours devant
une juridiction supérieure, l'imputation de la
détention préventive n'est pas obligatoire pour
le juge; ce dernier peut rejeter l'imputation
ou en réduire l'étendue par une disposition
spéciale et motivée.

II. L'incarcération pendant l'instruction de la demande d'extradition jusqu'à la livraison aux
autorités françaises, d'un individu condamné à
l'emprisonnement par un tribunal français, qui
s'est réfugié en pays étranger, doit être consi-

dérée comme une détention préventive et imputée sur la durée de la peine qu'il aura à subir en France.

DROIT CONSTITUTIONNEL

I. Le Sénat ne peut pas, dans la loi du budget, rétablir un crédit rejeté par la Chambre des députés, ni élever un crédit qu'elle a voté.

II. Le Président de la République ne peut pas seul, conclure des traités d'alliance ; il doit obtenir la ratification du Parlement.

Vu par le Président de la Thèse,
Toulouse, le 5 juin 1893.
Joseph BRESSOLLES.

Vu par le Doyen de la Faculté de Droit,
Toulouse, le 6 juin 1893.
Le Doyen,
J. PAGET.

Vu et permis d'imprimer :
Toulouse, le 7 juin 1893.
Le Recteur de l'Académie,
PERROUD.

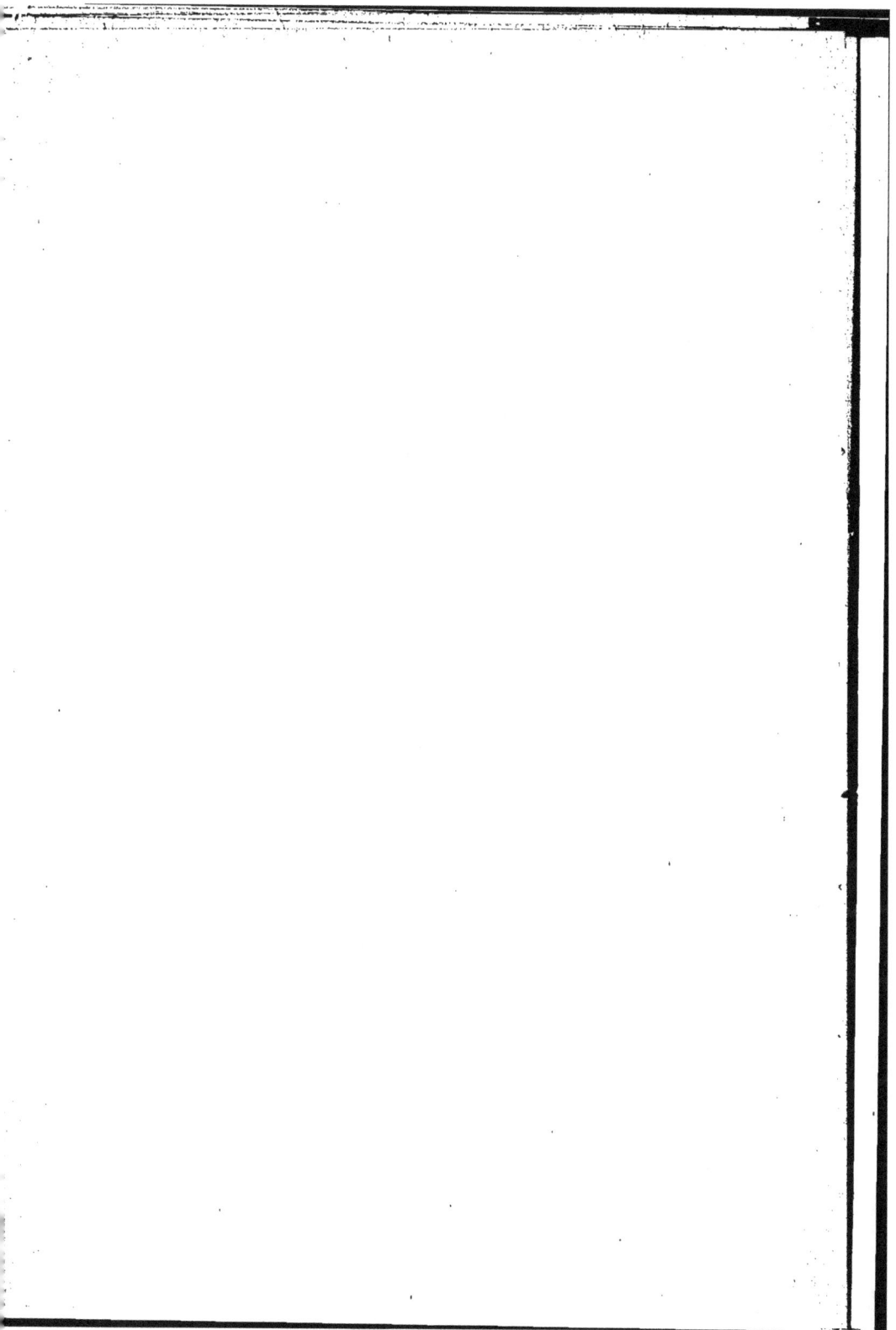

TABLE DES MATIÈRES

DROIT ROMAIN

Des lois judiciaires sous la République.

DROIT FRANÇAIS

Toulouse. — Imp. LAGARDE ET SEBILLE, rue Romiguières, 2.

RED. :

20

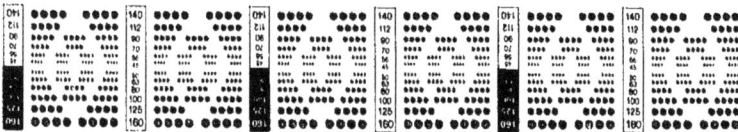

0 1 2 3 4 5 6 7 8 9 10